FAZ PARTE DO MEU SHOW

1ª edição | dezembro de 2004 | 9 reimpressões | 39 mil exemplares
2ª edição revista | setembro de 2010 | 5 mil exemplares
5 reimpressões | 10,5 mil exemplares
16ª reimpressão | agosto de 2023 | 1 mil exemplares | 55,5 mil exemplares vendidos
Copyright © 2004 by Casa dos Espíritos Editora

CASA DOS ESPÍRITOS EDITORA
Avenida Álvares Cabral, 982, sala 1101
Belo Horizonte | MG | 30170-002 | Brasil
Tel.: +55 (31) 3304-8300
editora@casadosespiritos.com.br
www.casadosespiritos.com.br

CONFORME O NOVO ACORDO ORTOGRÁFICO
DA LÍNGUA PORTUGUESA, RATIFICADO EM 2008.

Edição e preparação de originais
LEONARDO MÖLLER

Capa, projeto gráfico e editoração
ANDREI POLESSI

Foto do autor
DOUGLAS MOREIRA

Revisão
LAURA MARTINS

Impressão e acabamento
LIS GRÁFICA

casadosespíritos

A trajetória de um artista em busca de si mesmo

FAZ PARTE DO MEU SHOW

ROBSON PINHEIRO

orientado pelo espírito

ÂNGELO INÁCIO

Dados Internacionais de Catalogação na Publicação (CIP)
(Câmara Brasileira do Livro | São Paulo, SP | Brasil)

Inácio, Ângelo (Espírito).
Faz parte do meu show / orientado pelo espírito Ângelo Inácio;
[psicografado por] Robson Pinheiro. — 2ª ed. — Contagem, MG: Casa
dos Espíritos Editora, 2010.

ISBN: 978-85-99818-07-7

1. Espiritismo 2. Psicografia 3. Romance espírita I. Pinheiro, Robson. II.
Título.

10–05499   CDD–133.9

Índices para catálogo sistemático:
1. Romance espírita: Espiritismo 133.9

OS DIREITOS AUTORAIS desta obra foram cedidos gratuitamente pelo
médium Robson Pinheiro à Casa dos Espíritos Editora, parceira da Sociedade
Espírita Everilda Batista, instituição de ação social e promoção humana, sem
fins lucrativos.

COMPRE EM VEZ DE COPIAR.
Cada real que você dá por um livro espírita viabiliza as obras sociais e a divul-
gação da doutrina, às quais são destinados os direitos autorais; possibilita mais
qualidade na publicação de outras obras sobre o assunto; e paga aos livreiros
por estocar e levar até você livros para seu crescimento cultural e espiritual.
Além disso, contribui para a geração de empregos, impostos e, consequentemente, bem-estar social. Por outro lado, cada real que você dá pela fotocópia
ou pelo armazenamento digital não autorizado de um livro financia um crime
e ajuda a matar a produção intelectual.

*A todos aqueles que experimentaram
de perto o HIV e que, ainda assim,
permaneceram tentando ser felizes.
Àqueles que despertaram seu lado
espiritual e, apesar das próprias dores,
descobriram-se capazes de levar esperança
aos que sofrem.*

SUMÁRIO

PREFÁCIO
POR ÂNGELO INÁCIO, xi

INFERNO ESPÍRITA?
POR ROBSON PINHEIRO, xv

INTRODUÇÃO
A VIDA É UM SHOW, xxiii

CAPÍTULO 1
EXAGERADO, *29*

CAPÍTULO 2
O CRISTO REDENTOR, *41*

CAPÍTULO 3
SANTUÁRIO, *49*

CAPÍTULO 4
EM COPACABANA, *61*

CAPÍTULO 5
O VELHO GUERREIRO, *75*

CAPÍTULO 6
O *MEGASHOW* DA VIDA, *85*

CAPÍTULO 7
SOFRIMENTO ÍNTIMO, *95*

CAPÍTULO 8
SEXO E ESPIRITUALIDADE, *105*

CAPÍTULO 9
MENINOS DO RIO, *119*

CAPÍTULO 10
QUE DROGA DE DROGA, *139*

CAPÍTULO 11
DEZ MIL ANOS EM UMA HORA, *149*

CAPÍTULO 12
RENASCENDO PARA A VIDA, *163*

CAPÍTULO 13
O *SHOW* DEVE CONTINUAR, *177*

PREFÁCIO
POR ÂNGELO INÁCIO

STE É UM LIVRO escrito com coração, lágrimas, saudades e esperanças. Uma parceria entre aqueles que aportaram no sucesso, que caíram e tiveram a coragem de se levantar. Aqueles que sofreram, mas não emudeceram sua voz ante o clamor da vida. Este livro fala de coragem, de arte, de música da alma, da alma do *rock* e do *rock* das almas.

O autor das palavras preferiu não se identificar diretamente; todavia, em seus apontamentos, fica sua marca. Nas palavras, suas pegadas. Quanto a mim, fui convidado tão somente a auxiliar o verdadeiro autor destas experiências com meu jeito de escritor e repórter dos dois lados da vida.

Sei que este trabalho causará polêmicas, discussões e rebeldia. Afinal, de uma forma ou de outra, todos somos rebeldes, exagerados... aprendizes. Talvez, mesmo, apenas simples aprendizes do grande artista universal, que é Deus. E, como principiantes, ao compor a música de nossas experiências, erramos, gritamos ou choramos. Exageramos nas atitudes ou nos punimos ao realizarmos o próprio julgamento no tribunal de nossas consciências. Até o momento em que descobrimos que somos todos filhos do grande artista cósmico e que, com nossa arte, por mais singela que seja, podemos participar dessa orquestra divina, desse *show* da vida, que exprime o Deus que está escondido dentro de cada um de nós.

Sejamos nós exagerados ou não, rebeldes ou submissos, aqui estão as experiências póstumas, as memórias de alguém que, como você e eu, errou, caiu, mas teve a coragem de prosseguir transformando suas dores em música e sua vida em poesia. Com vocês, o *show* que precisa e deve continuar, simplesmente porque esta história, esta vida, também faz parte do meu *show* — e do seu também.

INFERNO ESPÍRITA?
POR ROBSON PINHEIRO

IMAGINE, LEITOR, se um dia você fosse procurado por um espírito para escrever um livro. Mas não é um espírito qualquer. É alguém que viveu na Terra de forma especialmente diferente, que deixou sua marca, seu rastro. Também esse espírito não é daqueles que desfilam na galeria de heróis, ou que representam a mais alta espiritualidade. Não mesmo. Ele é apenas humano, embora tenha sido conhecido, aplaudido ou rechaçado e excomungado por outros, principalmente por aqueles mais moralistas.

Ele conta sua história. Não a história de sua vida entre os vivos. Essa todos já conhecem. Muitos sabem de seus exageros, seus palavrões, suas músicas e seu reconhecido talento para a rebeldia. Ele chega sem títulos, sem aplausos, sem palavrões, apenas um pouco exagerado na sua forma de falar, mas sempre ele mesmo. E conta a sua história:

— Tentei escrever através de vários médiuns. Mas que gente caretérrima, metidos a ser santa... Não me aceitaram, e sabe por quê?

— Não! Respondi.

— Me disseram que eu deveria estar no umbral, sofrendo, amargando e penando feito aquelas almas sofridas de um inferno dantesco.

"Procurei outro médium e mais outro. As respostas eram semelhantes. Não queriam se comprometer com alguém que ficou conhecido no mundo pelo jeito rebelde, mundano. Não queriam espírito que em sua experiência na Terra tivesse fumado baseado, se picado, se drogado e exagerado na busca do prazer.

"Que droga! Será que eu teria de ficar uma eternidade penando feito as almas do purgatório? Acho que alguém como eu significaria um risco enorme para a fama passageira dos médiuns."

Agora, caro leitor, imagine se esse espírito fosse você; como se sentiria? Afinal, muita gente por aí adora psicografar espíritos famosos por seus feitos em favor da humanidade. Quem não gostaria de ser o médium de uma Teresa de Calcutá, de um Mahatma Gandhi, um Chico Xavier ou uma Joanna de Ângelis?

Agora, visualize a situação de alguém que fez fama na Terra. Um espírito que "aproveitou a vida" fora de todos os conceitos religiosos e ortodoxos. Agora ele quer voltar e falar, gritar e cantar ao mundo uma canção nova. Ele anseia por mostrar que a morte não acabou com a sua esperança de vida. Esse espírito quer dizer ao mundo todo que é possível mudar, corrigir a rota e despertar — mesmo depois da morte — para os valores transcendentes da vida.

Mas... aqueles que tanto falam em possibilidade de recomeço, numa nova chance de refazer sua vida, não acreditam que ele tenha mudado. Aqueles que pregam não existir inferno não o aceitam, pois pensam que ele deva ficar um pouco mais no inferno mental do remorso ou no chamado umbral. Aqueles aos quais ele procura, e que dizem acreditar numa nova oportunidade de aprendizado e na reencarnação, não aceitam que o espírito — esse espírito, de forma especial — possa voltar para dizer que aprendeu a lição da vida e que agora está recomeçando.

Como médium, aprendiz, fico a imaginar

como se sentiria o célebre Conde de Rochester, autor espiritual tão considerado no meio espírita, caso sua vida fosse mais conhecida do que seus livros. Com toda a nossa cultura doutrinária, será que aprendemos a lição do perdão? Ou seja, falamos muito que os outros devem perdoar, mas nós mesmos — sabemos perdoar os que caminham conosco? Falo de encarnados e desencarnados.

Pois é, caro leitor, este livro não foi escrito por nenhum dos espíritos luminares que patrocinaram o avanço da humanidade. Foi escrito em regime de parceria espiritual. É o resultado da pura sensibilidade, e em suas páginas com certeza você encontrará as marcas e pegadas do autor, embora ele se permita introduzir alguns elementos ficcionais na narrativa; talvez meros disfarces, pois não deseja se revelar por inteiro. Nunca gostou do que é óbvio...

Entretanto, este livro também é muito mais do que uma parceria. Fala de como Deus investe em seus filhos, sem esperar que estejam prontos ou resolvidos intimamente. Nas páginas desta história, você encontrará a forma como o Alto aproveita nossos talentos e nos estimula a sair do inferno particular ou do sofrimento imposto quer pela própria consciência, quer pelos decretos dos intérpretes religiosos.

Este livro é um *show*. Nele desfilam seres como você e eu, que erramos e, às vezes ou muitas vezes, satisfazemo-nos com nossos erros. Almas que, como você e eu, caíram ou não se comportaram segundo os padrões morais e religiosos. Porém, descobriram-se filhas de Deus.

Esse contato com espíritos rebeldes, irreverentes e sem os artifícios de uma educação imposta pela religião é o que mais me ensina a gostar do espiritismo. Essa experiência de ver o despertamento, o recomeço e o aprendizado é o que de mais brilhante eu vejo, como aprendiz, na doutrina dos Imortais.

Portanto, antes de julgar os demais por suas marcas deixadas em cada página da vida, imagine se fosse você na mesma situação. Como gostaria de ter uma nova chance de aprender, recomeçar, reconstruir... E você a teria, com toda a certeza. Porque, graças a Deus, não há inferno nem punições eternas, e a contabilidade divina é bem mais generosa do que pode supor qualquer mesquinhez.

Este é o maior brilho da doutrina dos espíritos: esperança e otimismo, sempre. Assim sendo, para aqueles que costumam apontar erros, valorizar defeitos ou salientar deslizes cometidos por encarnados ou desencarnados, lembro bem a passagem do Evangelho que relata o desespero da mulher equivocada,[1] os religiosos ávidos por julgar e punir e as palavras sábias de Jesus:

— Atire a primeira pedra aquele que estiver sem pecado.

E, para a mulher que havia errado, talvez como você e eu, o Mestre pergunta:

— Onde, aqueles que te condenavam?

— Não sei, Senhor... Acho que se foram.

— Tampouco eu te condeno. Vai e não tornes a pecar.

Que tal agora mergulhar nestas páginas, apreciar a música da vida e deixar que seus erros se transformem em canto, e suas dores, em hino que representa sua tentativa de acertar? Que tal fazer parte deste *show*, banir o sofrimento, a culpa e apreciar e valorizar o lado bom de todas as coisas e pessoas? Que tal, então, começar por você mesmo? "Nem eu te condeno", disse Jesus. Por que então permanecer atrelado ao peso da culpa? Venha para este *show*. Aprecie a música da vida, o *rock* dos imortais. Você não será mais o mesmo. É preciso aceitar ser diferente e acreditar que, onde

[1] Jo 8:1-11.

estiver, como estiver e com quem estiver, o Pai investe em você. De que forma for, Ele o convida para auxiliar o mundo com seu talento, espalhando mais otimismo, brilho, cor e poesia no grande jardim de Deus, que é a humanidade.

INTRODUÇÃO
A VIDA É UM SHOW

NASCI E CRESCI em meio à música, à arte e à poesia. Desde cedo vi que minha família estava envolvida com a música e o palco e fui crescendo em meio a sambas e canções; aprendi desde muito cedo a conviver com gente famosa ou com aqueles que mais tarde ganhariam fama.

Foi nesse clima de muita poesia que entrei para o colégio e experimentei o ensino castrador dos padres. Creio que foi a primeira forma que a vida utilizou para conter os excessos que eu já trazia na alma.

Mas foi na adolescência que descobri como era saboroso viver de forma diferente das demais pessoas. Eu tinha um futuro brilhante pela frente — isso eu podia pressentir. Contudo, as facilidades que a vida social me proporcionaria abririam perspectivas novas e mesmo diferentes para mim. Deixei-me embriagar com tudo o que via ao meu redor e, pouco a pouco, me envolvi no mundo da música, do *rock* e das baladas.

Eu nasci para o palco.

Não sabia naquela época que já havia pisado outros palcos em outros tempos. Era por isso que sempre me senti familiarizado com o microfone, com as luzes e a plateia.

Eu delirei, mas também levei multidões ao delírio.

Neste frenesi de uma juventude fanática pelo sexo, pelas drogas e pelo *rock*, eu aprendi a amar as meninas e os meninos que passaram pela minha vida. Amei — e amei até atingir o limite da loucura, da sensualidade, da liberdade total, como eu classificava aquele meu jeito desencanado e descompromissado. Aprendi a me ligar às pessoas de forma especial, cativando-as, conquistando-as como outrora eu mesmo o fizera nos palcos da velha Europa, em outros corpos e em outras vidas.

No auge da minha vida e da minha carreira eu recebi o veredicto da vida: HIV! Aids!

Desmoronava para mim, para minha mãe e, naturalmente, para os amigos mais íntimos, toda a minha insensatez. Caía por terra toda uma carreira brilhante, mas também mostrava-se inconsequente — e inócua — a minha rebeldia. Senti o chão afundar sob meus pés, e mesmo assim fui amparado pelas pessoas que aprendi a amar e que me amaram.

O palco e as baladas noturnas pareciam desaparecer diante do veredicto da vida. A aids, naquela época, era o grande e temido fantasma. "Coisa de gay", dizia a maioria das pessoas. Não existia o chamado coquetel, e mesmo diante da recente descoberta, o AZT, a maldita epidemia não recuava. De nada adiantou ser rebelde e de nada adiantariam as idas e vindas aos melhores médicos, às clínicas de outros países. De nada adiantaram o dinheiro e a fama: o veredicto estava dado.

Não me restava alternativa senão continuar o *show*, o *show* da vida. Nem mesmo aqui, com o tempo, aprendendo a conviver com a dor e a certeza do fim, deixei-me entregar. O *show* deveria continuar; se não fosse nos palcos da Terra, seria entre as estrelas.

Apagaram-se as luzes. A plateia se retirou, eu me retirei — mas o *show* não parou.

Acenderam-se as luzes das estrelas, e uma nova oportunidade se abria diante do meu espírito: eu me descobria filho de Deus. Embora muito tarde, como diriam alguns, depois da vida eu me descobria vivo, ainda capaz de amar e dedilhar o instrumento sensível da minha alma de artista. Fui recebido não como aqueles que brilharam no mundo, mas entre aqueles que esperavam que eu continuasse a brilhar.

Agora não seria mais um artista, e meu *rock* não levaria mais a multidão ao frenesi, ao delírio. Eu tinha diante de mim um desafio: ser uma estrela. Não seria fácil, como pude descobrir logo, logo. Mas... como diria antes, em meio aos aplausos dos fãs e da multidão, dos amantes e das amantes, isso tudo faz parte do meu *show*.

Assim foi que um dia passei pelos portais da vida e abri os olhos para esse *show* constante. O mundo me ofuscou. O contato com as maravilhas do lar, as relações sociais, a música, o *rock*, a curtição total, sem limites ou barreiras, formavam o concerto para que eu desempenhasse meu papel no palco do mundo.

O *show* da vida teve início e, para mim, não teria jamais um fim. Fazem parte do meu *show* a alegria, a música, a dança e a poesia. Fazem parte do meu *show* a dor, a lágrima, o preconceito, o sexo, o HIV, a aids. Fazem parte do meu *show* a saudade, a separação e a desordem. Fazem parte do meu *show* a morte e o morrer, a vida e as angústias de viver; o morrer e o renascer.

Tudo isso, toda essa composição musical pode ser transformada num samba, num *rock*, num *blues* ou num ritmo qualquer. Mas Deus permitiu que se juntassem os pedaços de gente que fui, os pedaços de mim e de você, e pudesse um dia experimentar a alegria e a dor, a dor e a delícia de ser eu mesmo. Todos os elementos somados, ou seja, você, nós, o mundo, o *rock*, a alegria e a dor são para mim motivo de celebração da vida.

EXAGERADO
CAPÍTULO 1

A INDA SENTIA a fraqueza causada pelo HIV. Repercutiam em meu espírito as dores morais decorrentes das enfermidades. Mas algo mudara. Será que eu havia morrido?

Intimamente eu ouvia uma multidão aplaudindo. Em outra vez eu a ouvia chorando, e um sentimento indefinível desabrochava em meu peito, uma ânsia louca de explodir, uma vontade de gritar para aquela multidão: "Estou aqui, vivo!"... Mas, aqui, onde? No hospital? Em Ipanema? No palco? Eu não saberia dizer.

Senti uma tremenda vontade de chorar. Parecia que todas as emoções, angústias e dores duramente reprimidas estavam rompendo as últimas barreiras e resistências, derramando-se em lágrimas que desciam de meus olhos. Diluía-me todo nas torrentes de lágrimas que fluíam de dentro de mim. Mas parecia que esse pranto, que essas lágrimas não desciam apenas de meus olhos; era como se viessem de mais profundo, do coração — das minhas entranhas, eu diria.

Mais ainda eu podia ouvir a multidão e, quanto mais ouvia aquelas vozes repercutirem em minha alma, mais eu tinha certeza de que meus pés não pisariam mais os palcos do mundo. Uma certeza apossou-se do meu ser: eu havia morrido.

Contudo, eu vivia. Embora não pudesse explicar para mim mesmo, eu vivia, apesar do delírio da multidão, do choro dos familiares e da saudade incrível de minha mãe, que irrompia do meu peito. E a única coisa que eu sabia fazer naquele momento era chorar. Chorei como uma criança desconsolada. Chorei talvez com revolta, mas meu choro também era um desabafo.

Sentia que estava deitado; porém, era uma situação tão diferente de tudo que eu presenciara e vivera até ali… Tudo parecia um delírio. Lembrei-me das sensações que experimentara todas as vezes em que me drogava. As viagens e os sonhos proporcionados pelo uso da maconha, da cocaína, enfim, pelas badalações e loucuras, pelas curtições e pelas revoltas lúcidas, planejadas, sem limites.

À medida que me recordava dessas coisas a angústia aumentava. Uma tristeza amarga sobressaía em meio ao tumulto das emoções. Se havia um inferno, eu vivenciava algo semelhante dentro de mim, naquele momento.

Enquanto vivia esses sentimentos fortes e as emoções violentas que arrebentavam do meu peito, não tive consciência exata do tempo que se passou. Um dia? Um mês? Ou um ano? Diante da dor o tempo parece dilatar-se, e, para quem vive essa loucura interior, os minutos, os dias, os anos parecem elásticos ou se transformam numa eternidade. Será pura impressão?

Vagamente eu me lembrava do leito onde estava deitado, da clínica improvisada na residência de meus pais. Mas era só vagamente. Novamente os gritos, as vaias e o delírio de uma multidão que eu não via. Apenas ouvia. Tudo estava gravado dentro de mim.

Imagens apareciam e desapareciam à minha volta, e eu, ao mesmo tempo, fazia parte daquele cenário pitoresco, louco, delirante. Com certeza estava sob o efeito de alguma droga — era assim que eu pensava. Tantas e tantas vezes eu me droguei, fumei e cheirei. Uma espécie de lembrança das minhas loucuras se esboçava em imagens que pareciam irreais. Uma certeza de que a morte estava me cobrando alguma coisa. Ou — quem sabe? — era eu mesmo quem me cobrava.

Além de despertar um sentimento de culpa duramente reprimido, trouxe à tona um lado meu mais sensível, que somente pode ser comparado com os momentos mais agudos da doença. A morte amacia corações, dobra a nossa rebeldia. Afinal, rebelar-se mais, para quê? Contra que sistema? Contra Deus e a vida? Eu não via Deus.

E não estava no céu. Ah! Isso eu sabia. Mas onde eu estava? No inferno? Eu não distinguia nada, ninguém. Nem o diabo nem os demônios lá das bocas de fumo do Rio. Mas havia demônios, sim, dentro de mim. Havia muita coisa em meu interior que merecia ser transformada, material mental e emocional para ser reciclado e, além disso, boa parte que poderia ser queimada, jogada no lixo. No entanto, permanecia ali, dentro de mim, como uma praga; estava tudinho grudado em meu peito.

Como disse antes, não sabia há quanto tempo durava aquela situação, eu em meu inferno particular, criado exclusivamente dentro de minha mente. De vez em quando, forte vento parecia vir de algum lugar ignorado e eu me sentia arrastado para algum lugar. Seria isso a morte, um eterno vagar em meio ao nada ou ao desconhecido de minhas emoções tortuosas? Solidão?

Foi num desses "arrastões" ou vendavais que me senti conduzido a um local que somente aos poucos eu pude identificar. Pelo menos era essa a maneira como eu percebia as coisas ao meu redor.

Eu ouvia alguém cantando. À medida que a música se fazia mais inteligível eu percebia que mais vozes cantavam e cantavam. Mas não eram letras de *rock* ou de alguma música que eu conhecia ou cantara algum dia. Não me importava. Parecia que eu estava sendo conduzido a um local onde havia gente, muita gente. Mais e mais eu ouvia vozes. E agora podia perceber que não havia somente música no ar. Talvez a minha alma de artista interpretasse tudo como sendo música. Afinal, desde criança eu estava envolvido com a presença de artistas, de música e poesia. E agora, depois da morte, até o vendaval que eu percebia me conduzir para ali se assemelhava a uma orquestra ou, talvez, ao som de uma guitarra.

Aos poucos pude divisar vultos ao meu redor. Eram como aparições breves em meio a densa neblina. Ainda que ligeiramente amedrontado, aquilo representava ao menos a esperança de ver alguém, de um dia voltar a conviver com gente. Já não estava sozinho, e isso me confortou. Os vultos aos poucos se definiam diante dos meus olhos ou, ainda, dentro de mim.

Jamais me esquecerei daquele momento. Eu chorava como louco. Chorava e dava gargalhadas entremeadas de esperança. Eu precisava entrar em relação com alguém, encontrar alguma pessoa; tocá-la. Logo eu, que vivera em meio ao povo, rodeado de amigos e mil badalações, não podia ficar sozinho por muito mais tempo. A solidão e o isolamento me enlouqueciam.

Precisava chegar mais perto da multidão. No entanto, por mais que me esforçasse, não conseguia. Depois de muitas tentativas frustradas de influenciar naquele processo de aproximação com alguém, vi que não adiantava; era tudo em vão. Essa constatação acentuou certo quê de revolta e fez brotar a raiva dentro de mim.

Nesse instante, um novo vendaval parecia vir de qualquer lugar e arrebatou-me para longe. Estava novamente sozinho. Agora eu não chorava mais. Estava revoltado, com muita raiva, e não procurei conter os palavrões habituais, que brotavam da minha boca espontaneamente. Silêncio descomunal se fez à minha volta e também dentro de mim, quando ficou claro que não havia quem rebatesse minha contrariedade. O mundo estava alheio à minha rebeldia. Mas era um silêncio eloquente, constrangedor, e eu sabia interpretar a mensagem do silêncio. Nem música, nem barulho da multidão, nem o som dos aplausos que eu ouvira durante algum tempo. Havia gritado e xingado todos os palavrões do meu repertório particular... e nada. Depois de algum tempo, entendi que eu mesmo fora a causa da minha derrota. Minha rebeldia, incontrolável até então, havia tomado conta do palco e executado seu solo. Fiz um tremendo esforço para me acalmar.

O que me auxiliou a maneirar meu gênio difícil e suavizar as emoções foram as lembranças de minha mãe. Sua imagem começou a se esboçar e se definir em minha mente. Seu carinho, os cuidados que tivera comigo em todos os momentos da vida, mas especialmente quando o HIV começou a obra de destruição de meu antigo corpo. À medida que eu via a imagem dela, os palavrões diminuíam, até que a revolta se transformou em pranto. Era um pranto de saudade, ao qual me entregava inteiramente. Eu estava vencido. Onde me localizava ou na situação em que me encontrava, não surtiam efeito os acessos de rebeldia; eles de nada adiantavam. Queria brigar, e não havia ninguém para discutir; queria quebrar alguma coisa, e não havia um só objeto para atirar; queria reclamar, e não havia um só ouvido para me escutar. Não tinha como fugir ou para onde ir. Chorei de novo, chorei muito.

Durante aqueles momentos de reconhecimento da minha real situação, que era de total dependência das forças da vida, veio-me à memória a figura de minha avó materna. A casa em que morava, numa pequena cidade do sul fluminense, e tudo o mais que envolvia a sua pessoa. Agora eu pensava nas duas mulheres que marcaram minha existência: minha mãe e minha avó. A saudade que sentia era quase insuportável, e mais e mais as lembranças afloravam à memória, embora eu não percebesse concretamente coisa alguma à minha volta.

Em determinado instante, pareceu-me que algo diferente acontecia dentro e fora de mim. As imagens mentais de minha mãe e minha avó pareciam ganhar vida própria em meio à paisagem desolada de não sei onde, qualquer que fosse o lugar ou a situação em que me achasse. Vi então que saía do meu peito algo para o qual não tive explicação alguma. Era como duas luzes que se

acenderam: "Seriam minha mãe e minha avó?"
— me perguntava. Sim, duas luzes pálidas, como chamas bruxuleantes, destacavam-se e voavam à minha frente. Logo pensei: "Isso é coisa de morto. Só pode ser! Sei que estou morto, mas isso está além da conta!".

Instintivamente lembrei como me sentira minutos antes, em decorrência da minha rebeldia e dos palavrões que brotaram de minha boca. Temi voltar àquela situação, e então dosei as palavras, esforçando-me para que os pensamentos fossem também mais calmos e comportados.

Quem diria! Logo eu, trocando o exagerado pelo comportado. Não se muda tanto assim de um momento para o outro; eu não podia fazer milagres. No entanto, não me restava alternativa a não ser tentar, e me esforcei pra valer.

As tais luzes pareciam me atrair para junto delas, e senti uma nova força dentro de mim. As imagens daquelas que eu amava não saíam de minha memória. Na verdade, eu amava minha mãe à minha maneira. Louco, rebelde, incontrolável e irreverente como a minha música; era o modo como sabia amar.

Resolvi me movimentar em direção às duas luzes, que agora perambulavam a certa distância, mas, à medida que tentava me aproximar, tinha a nítida impressão de que elas também se deslocavam à minha frente. Algo, porém, me impulsionava, e sabia que não deveria parar nem desistir: eu precisava continuar perseguindo aquelas luzes.

Tive a sensação de que caminhava; quando me movimentava, novamente ouvi um som, depois uma música, e, quanto mais eu seguia as luzes, mais e mais coisas podiam ser percebidas. Os vultos voltaram a aparecer, pessoas passavam por mim. Uma paisagem parecia se materializar à minha volta. Pude perceber gente, pessoas e a multidão da qual eu fazia parte. Mesmo assim, as duas luzes se distinguiam e permaneciam a me atrair em sua direção, com força cada vez mais intensa. Eu parecia hipnotizado. Mais lembranças afloravam dentro de mim, mais eu andava em meio à multidão.

De repente, eu sabia: eram todos espíritos! E aquela paisagem que se materializou ao meu redor se fez conhecida. Ainda estava na Cidade Maravilhosa; era a minha praia: o Rio de Janeiro.

O CRISTO REDENTOR
CAPÍTULO 2

NÃO CONTIVE a emoção. O que via e ouvia não era nada parecido com as coisas a que estava acostumado. A necessidade dobrava meu espírito rebelde, e as contingências obrigavam-me a admitir, não sem muito sofrimento íntimo, que estava diante de algo muito além de minhas forças.

Algo me fascinava, e somente mais tarde pude descobrir a verdade a respeito daquele episódio inusitado que vivera. Cada indivíduo da multidão tinha uma percepção diferente e experimentava a seu modo o que ocorria. Quanto a mim, mesmo que ouvisse algo sendo irradiado da estátua gigante, era de forma incomum. Não escutava exatamente como quando no antigo corpo; ao contrário, era como se uma quantidade enorme de informações fosse transferida para a minha mente e ali se alojasse. Alguém se utilizava da figura do Cristo Redentor para impor respeito e se fazer notar por todos nós. Alguém que eu desconhecia tocava em nosso coração e em nossa razão, chamando-nos à realidade de uma outra vida.

— Você está entendendo, meu filho? — perguntou uma voz que soava familiar.

— Sim, estou! — respondi. — Acho que todo mundo aqui já morreu mesmo. É do ca... — emudeci imediatamente meu jeito escrachado de falar.

— Acho que você terá muito o que aprender, meu filho. Suas palavras e seus impulsos ainda trazem muito do seu passado.

Resolvi então observar mais detidamente quem conversava comigo. Presenciei um fenômeno que me encantou, de tão mágico que pareceu. Pouco a pouco, comecei a perceber a mulher que estava a meu lado e havia se dirigido a mim. Não havia visto quem era ou como ela era de imediato, mas sua fisionomia me era muitíssimo familiar. Encarei firmemente seu rosto e ousei perguntar:

— Olha, dona, eu estou muito fraco, não sei ainda para onde me dirigir, mas uma coisa é certa: eu a conheço. Porém, não sei de onde e não me recordo plenamente de sua fisionomia. Talvez você possa...

— Tente, meu filho. Tente se lembrar.

Acho que foram os olhos. Isso mesmo! Os olhos a denunciaram. Fixei o olhar em seus pequenos olhos, que me atraíam sobremaneira, e meu coração começou a bater mais acelerado. Pensei que ia morrer de novo. Eu vi a transformação que se operava na fisionomia do espírito à minha frente.

Era a minha avó! Não restava dúvida. Aliás, se dúvida houvesse quanto ao meu estado de "morto", agora ela se dissiparia por completo. Estava eu ali, diante da vovó, frágil como uma criança. Não consegui deter as lágrimas e chorei, cheio de recordações, abrindo as comportas da alma.

— Chore, meu filho — falou ela, abraçando-me feito nas épocas de menino. — Chore e deixe todo o seu drama se derreter nessas lágrimas. Estou aqui, como sempre estive, a seu lado. Mas somente agora é que você foi tocado no coração e pôde me perceber com os olhos da alma.

Não sei dizer quanto tempo durou aquele encontro mágico, mas me senti, pela primeira vez depois de morto, completamente amparado. Deixei-me repousar nos braços da vovó, e, ao fazê-lo, parecia que imenso cansaço havia se apoderado de mim. Adormeci.

Quando, mais tarde, acordei, respirava o ar puro da região da Floresta da Tijuca, em companhia de outros treze espíritos. Vovó estava a meu lado, e eu me encontrava deitado numa espécie de maca, que talvez fosse importada do cenário de *Guerra nas estrelas*. Sobre ela, eu literalmente flutuava a um metro do chão, enquanto enfermeiras auxiliavam junto a outros espíritos.

Ensaiei levantar-me e procurei, à minha volta, a multidão. Vovó veio em meu socorro:

— Espere, meu neto, você ainda está bastante fraco. Este ambiente natural irá retemperar seu espírito e lhe trará mais forças.

— Onde estou? E o Cristo Redentor?

— Ah! Você fala do fenômeno que presenciou? Tudo a seu tempo. Por ora, você deverá se conscientizar de sua situação.

— Tenho tantas perguntas...

— Eu sei, eu sei. Todos nós as temos. Porém, a vida nos responde tudo no momento certo. Primeiramente, quero que você saiba que sua situação aqui é a de alguém que foi trazido das trevas para a luz, ou seja, amanheceu o dia da alma para você. Mas isso se deve apenas à bondade de Deus...

— Não entendi.

— Você se colocou numa posição delicada diante das leis da vida. E isso devido a suas atitudes e aos excessos cometidos durante a vida, principalmente em sua carreira artística.

— Quer dizer então que todo aquele papo de que cada um colhe aquilo que planta não é coisa de gente careta, não?

— Claro que não, meu neto. Deus, que é Pai, não cobra nada de ninguém, assim como também não pune nenhum de seus filhos. Mas a consciência de cada um traz impressa em si uma lei, que nos faz ir ao encontro de tudo aquilo que fizemos.

— Putz! Então estou ferrado...

— Dose suas palavras! Aqui o pensamento é tudo — ela me repreendeu com severidade.

— Desculpe, vovó, mas é a força do hábito.

— Você já pôde experimentar em si mesmo o valor e o efeito das palavras e dos pensamentos.

Lembrei-me da situação em que me encontrava instantes antes de despertar aos pés do Cristo Redentor e resolvi pensar muito antes de falar algo de que me arrependeria.

Vovó continuou:

— No seu caso, desde que adoeceu, quando ainda encarnado, ou vivo, como preferir, eu e alguns amigos tentávamos fazer algo por você. Procurávamos despertá-lo para as questões espirituais. Para executar nossos planos, aproveitávamos o tempo em que você dormia e desligávamos seu espírito do corpo a fim de promover algo em seu benefício. Quando acordava, então se lembrava de alguns sonhos, embora os escondesse de sua mãe e daqueles com quem convivia.

— Acho que era pura rebeldia...

— E também porque julgava irrelevantes aqueles sonhos. Mas não importa. O certo é que pudemos transformar, passo a passo, seu clima mental. Porém, não fazemos milagres. Quando a morte finalmente ocorreu, você se colocou numa situação íntima de isolamento...

— Eu sentia uma solidão tão grande... — interpelei-a.

— Era o que você mais temia: estar só. Ao desencarnar, encontrou aquilo que mais temia. Essa foi a forma pela qual sua consciência externou a culpa e os medos represados durante a vida. Você se viu só, sem ninguém.

— Foi um inferno...

Agora foi ela quem me interrompeu:

— Seu inferno particular e, ao mesmo tempo, sua oportunidade de pensar.

— Por quanto tempo fiquei ali, vovó? Há quanto tempo morri?

— Há mais de seis meses!

— Seis meses? Tanto tempo assim? Então, a essas alturas, meu corpo já se desintegrou debaixo da Terra...

— Não pense nisso agora, meu filho. Seu corpo antigo apenas voltou para sua origem. Quanto a você, que vivia cercado de gente, entre as luzes e os sons dos palcos do mundo, fazendo coisas que chocavam as pessoas constantemente, ao morrer seu espírito sentiu-se isolado de tudo e de todos. Seu sofrimento foi intenso, porém foi um sofrimento íntimo, de natureza moral. Nada, se comparado ao inferno inventado pelos homens.

SANTUÁRIO
CAPÍTULO 3

NUNCA PAREI para pensar o que ocorreria comigo depois de morto. Vivi a vida intensamente e sem preocupações. Em minhas loucuras de adolescente ou de adulto, sempre contava com a intervenção de meus pais para me livrar dos incômodos com a polícia ou outros tipos de transtorno. Meu comportamento irrequieto, rebelde e inconsequente me fez contrair o vírus HIV. Creio que esse foi o ponto mais marcante em minha vida. Na época em que me descobri soropositivo, o mundo parecia ruir aos meus pés. Contudo, agora posso ver que o HIV não foi o mal de minha existência; aquilo que eu pensava ser curtição e que denominava de "aproveitar a vida intensamente" é que foi meu grande mal.

Logo descobri certas regras não escritas que imperam do lado de cá desta vida de desencarnado ou de morto metido a vivo. Não adianta se rebelar contra o sistema. Nós simplesmente nos encontramos inseridos num universo com suas leis, contra as quais não há como protestar. Ou melhor, até podemos espernear e reclamar, mas a essência de como as coisas são não vai mudar só porque nós discordamos. A máquina funciona assim, e, digladiando com ela, só nos desgastamos. A vida é a vida, e pronto: não nos pede licença nem nos deve satisfação. Nós somos apenas personagens em seu enredo desconhecido.

Aprendi isso a duros golpes, hoje percebo. Talvez não tivesse necessariamente que ser assim, mas foi esse o meio pelo qual compreendi tais verdades. E não faço discurso conformista nem conformado, não. Consciente — isso sim.

Logo nos primeiros momentos de lucidez do lado de cá, aprendi que os pensamentos têm que ser reeducados. No meu caso, então, o esforço teve que ser descomunal. Quanto às palavras, nem se fala. Elas brotavam de minha boca, como sempre, cheias de irreverência e com um impulso e um significado muito fortes. Toda vez que isso ocorria eu voltava à condição miserável de solidão, medo, angústia e dores fortes, que somente mais tarde eu reconheceria como dores de natureza apenas moral. A mente tem as suas próprias regras, e não havia como driblar minha própria mente. E já que meu cérebro antigo não mais existia, eu lidava diretamente comigo mesmo — não havia como escapar.

Tive de refazer a duras penas meu padrão mental e modificar meu vocabulário. Os tempos de rebeldia declarada já haviam esgotado: ou eu aprendia tudo de novo ou enfrentava as leis inflexíveis da minha consciência. Eu preferiria ter de enfrentar o diabo, caso ele existisse, a ter de enfrentar a mim mesmo. As tais leis da vida estavam impressas dentro de mim; se assim posso dizer, gravadas em cada célula do meu corpo espiritual.

Ah! E por falar em corpo, descobri que meu atual corpo "extrafísico", como dizem por aqui, é em tudo semelhante ao antigo. Tão semelhante que descobri estar ele intoxicado, enfermo e com sérias limitações devido a muitas coisas que fiz ou experimentei aí na Terra. São as leis da vida.

Meu corpo espiritual precisava passar por um período de tratamento para que eu pudesse me expressar e me relacionar neste novo mundo. Eu era um enfermo da alma.

Certo dia minha avó me levou a um lugar especializado na assistência a espíritos. Eu sou espírito. Por isso mesmo, não poderia simplesmente ser conduzido a um hospital da Terra. No plano físico, aquela estação de tratamento localizava-se na região correspondente a Jacarepaguá, na cidade do Rio; era uma espécie de santuário em meio à natureza. Ali se reuniam centenas e centenas de pessoas — encarnadas — em busca de auxílio. Permeando tudo, toda a existência física dessas pessoas, uma multidão de seres invisíveis a elas, mas agora perfeitamente perceptíveis a mim. Era uma dimensão diferente, que faz parte da nossa realidade de espíritos.

Recebeu-me um espírito chamado Frei Luiz. Minha chegada ao ambiente espiritual do lugar deu-se no instante em que todos os encarnados e desencarnados presentes rezavam. De um lado, os chamados vivos, de mãos dadas, formavam uma enorme corrente de oração, todos vestidos de branco. Para mim, não passavam de um bando de caretas, religiosos. No entanto, confesso que, assim que fui conduzido ao meio deles, senti-me refeito, com mais disposição e vitalidade. De outro lado, o nosso, espíritos se posicionavam em frente a cada um dos encarnados e, de mãos postas sobre suas cabeças, rezavam também.

Presenciei um espetáculo de luzes e cores como jamais vira em nenhum lugar da Terra.

Após as orações da tarde, o espírito Frei Luiz acompanhou-me até o interior de uma construção onde se realizavam as reuniões daquela gente.

À medida que minha avó me conduzia em meio à multidão de espíritos, muitos deles, os desencarnados, falavam, gesticulavam e gritavam entre si:

— Vejam, é aquele cantor... Ele agora é um de nós!

Outros apontavam em minha direção, cochichando ou dizendo:

— Coitado! Viveu tão intensamente a vida... Vejam como agora está numa condição lamentável.

Nunca me imaginara naquela condição. À medida que escutava cada comentário, lágrimas desciam à minha face. Creio que, pela primeira vez, senti vergonha, no verdadeiro sentido da palavra. Era um misto de vergonha e angústia indefiníveis; era algo opressor.

O espírito Frei Luiz tocou-me o ombro direito com sua mão e falou, olhando discretamente para minha avó:

— Não se preocupe, filho. Esses nossos irmãos o conheceram na Terra e não falaram isso para incomodá-lo. Encontram-se em condição similar à sua e são recebidos neste lar como necessitados de tratamento espiritual.

Mesmo com o conforto de Frei Luiz eu não conseguia deixar de lado as impressões que me foram inspiradas pelos comentários que ouvi dos outros espíritos. Esforcei-me para expulsar os pensamentos de revolta e inconformação.

Vovó, que me conduzia numa espécie de cadeira de rodas, olhou para mim e falou suavemente:

— Olhe os pensamentos!...

Foi o bastante. Logo me refiz intimamente e deixei-me levar para o interior da construção. Frei Luiz apresentou-me a um espírito, Friedrich, que aparentava ser um médico daquela instituição. O local era simples, porém havia inúmeros equipamentos instalados nas paredes, operados por vários outros espíritos. Fui encaminhado até algo que se assemelhava a uma maca, sobre a qual me fizeram deitar. Imediatamente, a meu lado, surgiu uma imagem, um clone meu, eu diria. Seria uma projeção holográfica ou coisa do gênero? — indaguei mentalmente.

— Você está certo, rapaz — falou o médico espiritual, com sotaque alemão bem carregado. —

Esta é uma projeção de seu corpo espiritual.

Adeus, privacidade... Relembrei imediatamente que os pensamentos eram a linguagem daquela nova realidade.

Logo vi que algumas coisas estavam diferentes na imagem a meu lado. O corpo projetado parecia ligeiramente deformado. Em algumas regiões, uma nuvem ou fuligem acinzentada impregnava os tecidos e órgãos.

O médico espiritual sentenciou, pensativo e lentamente:

— Seu corpo espiritual está seriamente comprometido. Veja, por exemplo, a região correspondente ao sistema linfático — indicando o local na projeção. — As drogas utilizadas por você durante a experiência física destruíram progressivamente os elementos vitais hipersensíveis do seu corpo astral.

A seguir, apontou para outro lugar no corpo espiritual projetado e enfatizou:

— A região genital encontra-se sobremaneira debilitada e comprometida devido aos excessos de ordem sexual. A área do baço e o centro vital correspondente carecem de recursos terapêuticos em caráter de emergência para se refazer.

— Tô ferrado! — deixei escapulir.

Engoli seco com o olhar repreensivo e severo de minha avó.

— Ops! Quer dizer... Desculpe-me; não queria dizer isso, dessa maneira.

No fundo, no fundo, embora contivesse o pensamento, eu achava um saco ter de me comportar daquela forma. Mas não havia outro jeito; ali, eu era o necessitado.

Aventurei-me a indagar, em seguida:

— Terei que ficar internado por aqui, então? Pelo jeito, meu caso é bem grave... — falei, envergonhado.

— Nada disso, rapaz! — asseverou convicto Friedrich, o médico. — Não temos mais tempo a perder. Alguns espíritos em sua condição poderiam permanecer longos anos em tratamento em nosso hospital espiritual. Entretanto, você possui recursos, conhecimento e experiência tais que podemos lhe oferecer uma alternativa ao tratamento.

— Uau! Isso é que é vida!

— Mas não se assanhe assim, meu filho — alertou vovó.

— Isso é importante. Vou me explicar melhor, para que não haja mal-entendidos. O mundo passa por graves transformações e necessitamos de toda espécie de ajuda para influenciar beneficamente aqueles que se encontram na retaguarda. Você possui intenso magnetismo e, com sua música, sua arte e o carisma que lhe é próprio, poderá auxiliar-nos a retirar diversos espíritos de situações lamentáveis a que se entregaram pelos excessos vividos.

— Mas eu...

— Não se preocupe com isso — interrompeu-me o médico antes que pudesse completar meu pensamento, certamente já conhecendo minhas inquietações. — Sabemos muito bem que você exagerou na última existência, mas devemos aproveitar seus talentos desde já. Na verdade, a nossa proposta de tratamento para você é em forma de trabalho, muito trabalho, através do qual você será diretamente beneficiado.

— Como assim? — perguntei.

— É da lei divina que os semelhantes auxiliem a si próprios na elevação espiritual. Pelos seus padrões mentais, devido ao tipo de comportamento que teve na vida, você se encontra em situação de necessitado de amparo. Pelos seus talentos e dotes artísticos, chegamos à conclusão de que interná-lo num tratamento prolongado seria desperdício de recursos. Além do mais, com seu espírito questionador e, digamos, mais crítico, acreditamos que você terá dificuldades em adotar uma postura mais passiva e adequar-se ao regime convencional. E para que boicotar sua criatividade? Vamos utilizá-la em benefício de todos, já!

Nesse instante desviei o olhar do médico, um tanto embaraçado. Ele prosseguiu, sem dar atenção à minha reação:

— A escolha é facultada a você, entretanto. Poderá ficar aqui internado e receber o tratamento, juntamente com os demais espíritos que aqui vêm em busca de socorro, ou poderá se colocar a serviço das inteligências do bem. Nessa condição, exercerá seus dons artísticos nas regiões inferiores, facilitando o resgate das almas que têm afinidade com seu padrão vibratório. Essa atividade será um recurso terapêutico de grande eficácia para o refazimento das matrizes espirituais de seu corpo astral. Pense nisso.

O espírito amigo, juntamente com Frei Luiz, deixaram-me a sós com minha avó. Encontravame pensativo e confesso que fora pego de surpresa. Não conseguia tomar decisão alguma; precisava pensar. Minha avó, sempre presente, aguardava pacientemente minha resolução.

Foi ali que descobri como funcionam as leis da vida. Podemos ficar anos e anos lamentando e sofrendo, mergulhados em nossa culpa, ou, ao invés disso, aproveitar as oportunidades da vida para trabalhar muito. Assim, à medida que caminhamos, encontramos solução para os eventuais problemas que todos trazemos dentro de nós, paulatinamente. Ninguém precisa esperar tornar-se santo ou resolver-se intimamente para, só então, trabalhar em favor de algo nobre, que valha a pena, ou em favor de alguém. É possível empreender desde já o trabalho, com os recursos disponíveis em cada momento e, desse modo, obter continuamente a capacitação para tarefas mais complexas, mais amplas. O próprio trabalho, segundo pude aprender com a equipe do Frei Luiz, é a terapêutica por excelência; à medida que trabalhamos, resolvemo-nos diariamente, sem cobrança de perfeição.

Vi que muitos espíritos em situação moral semelhante à minha entregavam-se a anos intermináveis de lamentável angústia. Traziam, como eu, a consciência culpada; todavia, não se abriam para novas oportunidades de trabalho e, consequentemente, para receberem novas formas de auxílio.

EM COPACABANA
CAPÍTULO 4

VOVÓ ME CONDUZIU daquela casa de apoio para a praia de Copacabana. Eu precisava do ar puro e fresco do mar a fim de retemperar meu espírito. Embora o auxílio que recebia dos meus benfeitores, ainda me sentia muito fraco; exausto. O longo período de enfermidade deixara marcas profundas em minha alma. Estava numa condição de fraqueza generalizada, e as emoções e os pensamentos ainda descontrolados formavam o quadro interior de extrema sensibilidade.

Creio que os relógios dos encarnados já marcavam mais de 22 horas quando chegamos nas areias de Copacabana. Não sei se era o ar fresco ou a luz da lua refletida nas águas do mar, mas o ambiente parecia refazer-me imensamente.

Ainda na realidade em que agora me encontrava, o Rio de Janeiro continuava lindo. E a visão das águas do mar, assim como antes, favorecia a nostalgia, a introspecção. Relembrei a adolescência e os primeiros dias de juventude. Sinceramente, eu não sentia saudades. Na verdade, havia muitos pontos na minha vida dos quais agora, como espírito, eu me envergonhava. Sem perceber com clareza àquela altura, já havia começado a me modificar interiormente.

Pedi à vovó para ficar só por alguns momentos, a fim de pensar na proposta do médico espiritual. Ela atendeu-me prontamente.

Escorreguei até a areia da praia e ali mesmo me deitei, respirando largamente o ar que vinha do oceano. Será que adormeci? Ainda não sei… Vi apenas que um vulto se aproximava de mim e senti uma emoção muito intensa, sem saber ao certo do que se tratava. O vulto aproximava-se devagar. Ao divisar sua figura com clareza, meu coração de espírito parecia prestes a sofrer um infarto espiritual.

— Calma, meu rapaz! — saudou-me o espírito, ajeitando os óculos na face.

Estava estupefato. Era ninguém menos que

o grande Carlos Drummond de Andrade.

— Fique quieto onde está — prosseguiu ele, procurando deixar-me à vontade. — Aproveite o frescor da noite e a brisa que vem do mar.

Jeito pacato, pediu-me licença com o sorriso e, como eu não reagisse, logo se alojou junto a mim ali mesmo, nas areias da praia.

— Quer dizer então que você veio para o lado de cá? — perguntou, para puxar conversa.

— Para o lado de cá? — indaguei com estranhamento.

— Claro, para o lado de cá da vida, da morte; do outro lado, ou coisa semelhante.

— É! Parece... — tornei a responder-lhe meio sem jeito, ainda mais daquela forma, deitado aos pés do Drummond.

— Pois é, agora estamos reunidos na condição de espírito. Você não ignora esse fato, não é mesmo?

— Não — anuí, gaguejando. Ainda não tinha me recuperado do impacto de encontrá-lo, a primeira celebridade do além-túmulo.

— É isso, meu rapaz. Aproveite seu tempo e sua eternidade particular para se decidir logo. Precisamos de muita ajuda do lado de cá; há trabalho para todos.

— Então você sabe da proposta que me fizeram lá no Santuário?

— Claro que sei! Eu mesmo estava lá quando você chegou. Estava numa outra atividade, mas não havia como ignorar sua chegada.

— Como assim? — perguntei.

— É que por aqui as notícias correm com a velocidade do pensamento. Todo mundo só falava de você, de sua música, de sua chegada.

— Você trabalha por lá também?

— Bem, não é assim exatamente. Vez ou outra eu e alguns outros espíritos vamos dar nossa cota de contribuição. São os velhos artistas da Terra que se reúnem para auxiliar como podem. Assim, quando você adentrou o ambiente, todos já o aguardavam.

— Todos? Quem?

— Todos aqueles que nos reunimos ali, aproximados pela arte.

— E você? — ousei perguntar. — Como chegou aqui? Digo, a sua morte; foi diferente a sua chegada do lado de cá, não?

— Ah! Sim. Cada um é diferente do outro. Tal a vida, tal a morte. É sempre assim. De acordo com o gênero da vida que se levou, dá-se o momento da morte e a situação que se define logo após.

— Então você foi um privilegiado...

— Claro que não. Você aprenderá logo, logo, meu caro, que por aqui não existe privilégio algum. Apenas nos reunimos conforme as afinidades, tendências e gostos. No caso dos artistas, por exemplo, procuramos dar a nossa contribuição de acordo com a nossa capacidade. Mas de maneira alguma nos furtamos aos problemas criados pelas nossas atitudes. Sempre colhemos o que plantamos.

— Mesmo assim, isso quer dizer que sua morte foi algo diferente, não é?

— Como lhe disse, todos são diferentes de acordo com as aquisições da vida. Quer saber os detalhes?

— Claro! Adoraria saber algo a seu respeito — falei animado. — Acho que eu mesmo me beneficiaria com isso.

— Vamos lá, se você deseja saber algo mais. Porém, não crie expectativas, pois o momento da minha morte foi algo comum. A diferença é apenas que eu gosto de dar tons mais coloridos aos detalhes.

Falando assim, o grande escritor brasileiro e mineiro descreveu para mim seus primeiros momentos após a morte. Sentei-me na areia; ouvidos atentos, escutava cada palavra que saía de sua boca.

A lua estava maravilhosa, e, àquela altura, eu já me sentia mais renovado.

A morte seria um tédio caso não houvesse vida. Seria uma negação, caso não houvesse nada após a sepultura.

Imagine eu, acostumado a trabalhar, produzir intelectualmente, obrigado a ficar ali, parado, indefinidamente. O corpo inerte na fria tumba, deitado, esperando a voracidade dos vermes. Sem pensar, sem produzir, sem ao menos ver as horas passar.

Aguardar o famigerado juízo final? E para quê? Ser enviado a um céu de desocupados, que estacionaram no pior retrato de mau gosto do Olimpo e não aprenderam sequer a tocar um instrumento mais emocionante que a harpa? Ou para ser despachado em direção a um inferno onde o decorador errou na quantidade de vermelho, e os homens, ainda por cima, possuem rabo? A propósito: nunca ninguém perguntou quem paga a conta de todo aquele fogo, em combustão permanente? Que desperdício! Devíamos ir fazer comida no inferno, que tem gás de graça.

Mas a morte, para a minha paz, não é assim, afinal. Na verdade, o que ocorreu comigo foi uma intensa e febril atividade cerebral ou extracerebral, mental, totalmente alheia ao velho corpo.

Pareceu que eu dormia. Simplesmente isso. Mas dormia um sono diferente, com sonhos nítidos povoados por seres, coisas e situações. Eu simplesmente vivia; era tudo. Mas o corpo não me respondia. E diante daquela agonia de viver sem o corpo e de morrer sem a alma eu via apenas o corpo deitado de boca aberta, num esgar. E eu — eu não era mais aquele corpo — conservava a minha transparência que varava a cama, os móveis, as paredes. Eu era espírito.

O velório é que foi o verdadeiro tédio em minha nova situação de vivo-apesar-de-morto;[2] as homenagens sinceras eram entremeadas com bajulações difíceis de aguentar. Pranteavam um corpo morto de alguém que estava vivo, sentia-se vivo. Por fim, acabei encontrando um divertimento naquela situação, uma saída para o tédio que ameaçava tomar conta da minha eternidade particular.

---

[2] A revisão realizada nesta edição revista, de 2010, deparou com grandes desafios próprios à adoção do Acordo Ortográfico ratificado em 2008. Mesmo com o Vocabulário Ortográfico da Língua Portuguesa (VOLP), 5ª edição, que foi publicado pela Academia Brasileira de Letras em 2009, a questão sempre complexa dos hífens ainda é provavelmente o maior dos tormentos. Em consonância com

Já nos primeiros momentos, aprendi que podia ter acesso aos pensamentos alheios. Ao redor do ataúde, reuniam-se curiosos, familiares e antigos colegas de serviço. Alguns se dedicavam a pensar nos eventuais "direitos" sobre a minha produção intelectual e literária. Era um velório concorrido; até mesmo quem não gostava de mim e me criticava encontrava-se ali, disputando um lugar para bajular o velho defunto. Eu apenas ria e me divertia em saber como os pensamentos agora percebidos e as atitudes que observava divergiam tanto entre si.

Aos poucos, entretanto, o divertimento passou, e o deboche tornou-se monótono. Fui arrastado por forças invisíveis. Literalmente, fui sugado dali para um lugar sem nome certo. Talvez nem fosse um lugar, mas uma situação.

Vi alguém que mais parecia ser um anjo, ou um guardião, já que esse alguém não tinha asas para voar, embora pairasse acima de mim.

Lembrei-me de que nos últimos tempos, ain-

a consistente argumentação do linguista Cláudio Moreno (http://wp.clicrbs.com.br/sualingua/2009/07/11/nao-compre-o-novo-volp-final, consultado em 18/5/2010), optou-se pela manutenção do hífen na expressão assinalada: *vivo-apesar-de-morto*, embora o VOLP determine abolir o hífen em casos como esse.

da de posse do corpo, havia sonhado inúmeras vezes com um personagem. Cogitava escrever um texto, quem sabe um romance, e o tal personagem se materializava aos poucos em minha mente, em meus sonhos. Mas ali estava ele, em minha vida real de morto. Era o personagem de meus sonhos. Porém, mais nítido, mais vivo e sorridente do que nunca. O ser dos meus sonhos e da minha nova vida aproximou-se e recebeu-me com um sorriso. E, sem falar, ou falando sem articular palavras, comunicou-se:

— Sou um amigo, um mensageiro do Pai.

Estranho, o meu amigo. Ele se dizia um mensageiro, talvez um anjo. Mas parecia tão humano, tão igual a mim... Aproveitei a situação e os pensamentos céleres que passavam em minha mente para analisá-lo, avaliá-lo. À primeira impressão, parecia gente boa, até honesto. (Não se assuste, mas é de se duvidar da honestidade até mesmo de alguém que já morreu.) Eu o examinei de cima a baixo, mirando toda a sua transparência transcendental de espírito de luz.

— Como é o seu nome? — perguntei, como quem desejasse estabelecer uma conversação.

— Meu nome? Não vem ao caso — disse ele.

— Sou apenas um mensageiro.

— Eu não converso com quem não conheço.

Gente sem nome! Onde já se viu isso? E ainda mais quando se é anjo, morto ou coisa que o valha.

Ora, a noção mais elementar de boas maneiras, em qualquer cultura, presumo eu, inclui tratar-se pelo nome, cordialmente. Como podia conviver com um indivíduo sem o mínimo de educação? Não me dar o nome era quase uma afronta, um "até logo" em nosso papo de dois minutos. Será que ele estava foragido das autoridades do Além? Então se explicaria sua omissão...

— Está bem. Pode me chamar do que quiser.

— Tudo bem — respondi, com cara de desprezo ou impaciência.

"Do que quiser" era meu anjo guardião! Se pelo menos se chamasse Gabriel, Gamaliel ou qualquer nome importante, com o popular e distintivo sufixo "el"... Mas, não. Era apenas um anjinho qualquer, um simples mensageiro "Do que quiser". Ele sorriu para mim. Aquele sorriso de garoto maroto, travesso e que conhecia, como de fato conhecia, todas as minhas estripulias mentais. Num gesto nobre, decidi relevar a ignorância daquela alma que, por certo, não recebera educação apropriada.

Tornei, então, a indagá-lo. Fiz aquelas perguntas fatais, que exigem respostas decididas, convictas, inéditas:

— Quem é o Pai?

— Deus.

— Deus, o Criador?

— Sim.

— Ah!

— "Ah!", o quê?

— "Ah!" é simplesmente "Ah!"; por acaso nunca estudou português?

— Não falo disso...

— Bem, então meu "Ah!" pode significar uma pergunta: Se Deus é o Criador, quem o criou?

— Ah! — agora era a hora do meu "anjo" particular engasgar.

— "Ah!", o quê? — dessa vez fui eu quem indaguei, querendo mais.

— "Ah!", simplesmente.

— Então você simplesmente não sabe?! — tornei a incomodá-lo.

— Claro que sei! Aliás, não sei! Ninguém sabe.

— Então ninguém por aqui sabe a resposta?

— Sabe sim. Ou melhor, não sabe.

— Afinal — perguntei, em tom definitivo — sabe ou não sabe? Que tipo de anjo é você que não pode me responder uma coisinha tão simples assim, tão elementar?

— Eu sei, mas também não sei. Ah! A propósito, *você está confundindo tudo: Deus não foi criado; Ele cria. Só isso.*

— *Então, por que você não me respondeu logo? Isso eu já estou cansado de saber...*

— *Se já sabia, por que me fez perder todo este tempo com suas dúvidas?*

— *Ah!* — respondi.

— *"Ah!", o quê?*

— *Só "Ah!"!!!*

— *Mas...*

— *Eu não tinha dúvidas quanto a isso. Apenas o testava.*

— *Me testava?* — perguntou meu mensageiro.

— *É, testava.*

— *Como assim?*

— *Queria verificar se você estava apto a me tolerar nesta nova vida. Apenas queria fazer uma tempestade cerebral, embora eu saiba que nós dois já não tenhamos mais cérebro. Sorry!...*

— *E como me saí, em seu teste?*

— *Bem, você chegou à resposta, mas faltou um pouquinho de astúcia, não é verdade? Não se preocupe: você me protege e orienta, como todo bom "anjo", e eu faço os diálogos necessários. Não é uma boa parceria? Aos poucos, trocaremos habilidades.*

Que ele poderia fazer a não ser sorrir de mi-

nhas cômicas e inusitadas pretensões?

Onde estávamos parecia muito mais uma cidade do que uma região do paraíso. Era muito bonito. Mas era uma cidade. Eu jamais gostei daquilo que as religiões ensinavam sobre o paraíso. Era tudo ficção — e, como eu disse, de mau gosto —, invenção de religiosos mascarados. Mas ali, naquela cidade, naquele exato instante, começava uma nova vida para mim.

Deixei para trás o meu amigo mensageiro e fui logo entrando de posse daquela vida cheia de desafios. Acho que ele se cansou de mim. Sempre que o vejo está atrás de mim, correndo, como que tentando me chamar. E eu, sem essa de descanso eterno, sempre com meus papéis e minha caneta Mont Blanc — também "desencarnada" —, saio por aí, com um mentor correndo atrás de mim, fazendo as minhas observações de morto-vivo, jornalista e repórter do Além.

O VELHO GUERREIRO
CAPÍTULO 5

APÓS A CONVERSA com Drummond, fiquei ainda por algum tempo em Copacabana, aspirando o ar puro que vinha do mar. A conversa produzira em mim reflexões; eu quase não me reconhecia. Eu, o roqueiro, o outrora rebelde, exagerado e controvertido cantor, agora, após morrer, apanhava-me a meditar sobre minhas atitudes. Considerava cada uma delas seriamente, o que era uma coisa nova para mim.

Mas, em meio às reflexões, vinham as lembranças de minha vida, os excessos cometidos quando encarnado, as drogas, o sexo descompromissado, os *shows* e as badalações noturnas; o escracho total. Na verdade — agora posso reconhecer — meu sentimento de culpa estava aflorado.

Saí dali a vagar sem rumo certo, cabisbaixo, e quando dei por mim já estava nas proximidades da Rocinha, a grande favela carioca. Espírito tem destas coisas: sai por aí sem enfrentar o trânsito nem pagar pedágio. O pensamento é o que nos dirige, é a nossa força propulsora. E, de pensamentos a raciocínios, vi-me novamente numa situação aflitiva. Mergulhado em minhas recordações, fixeime em meu passado, que se refletia no meu presente estágio como espírito.

De repente, a paisagem exterior tornou-se sombria, como se obedecesse a meu panorama íntimo, ou fosse extensão dele.

Ouvi um bando de marginais descendo o morro às gargalhadas. Minhas percepções ainda se encontravam alteradas, pois a visão que eu tinha deles era algo distorcida. O som de suas gargalhadas e seus comentários chegava a mim de forma mais intensa, precisa e penetrante que o habitual. Era desconcertante e um tanto perturbador. Notei que vultos passavam por mim, pegajosos, nojentos, como eu os descreveria antes da morte.

Uma voz dentro de mim parecia me alertar. Lembrei-me imediatamente de minha avó; acho que foi a minha salvação. Um calafrio percorreu meu espírito, e ouvi com intensa nitidez o pensamento de alguém conhecido se intrometer em meio aos meus próprios raciocínios:

— Você ainda não está preparado para sair por conta própria. Retorne, volte para o mar...

Mentalizei o Leblon, e no instante seguinte me vi arrastado para aquele recanto, que agora eu podia observar com novos olhos — como espírito. Reconheci intimamente que o fato de morrer havia produzido um impacto profundo dentro de mim. Eu era outro, apesar de não poder apagar o passado. Mais do que isso: não havia como esquecer a vida anterior que eu abandonara.

Deixei que o ar invadisse meus pulmões. Foi aí, nesse instante, que me dei conta de que eu ainda tinha pulmões. Aliás, eu estava completo. A morte não destruíra nada. Pulmões, coração, cérebro, braços, pernas e... as partes íntimas! Estavam ali, intactas, vivas. Dei um grito daqueles ao verificar que eu era um espírito nada esvoaçante, nem fantasmagórico. Gritei a plenos pulmões: afinal, eu os tinha. Não era uma alma penada! E as partes íntimas... será que funcionavam? Como seria isso aqui, agora que eu havia morrido?

— Pare por aí, rapaz! — escutei uma voz conhecida. Detive imediatamente meu pensamento e me virei. Será que espírito tem costas, frente e atrás? Sei lá, mas eu tinha tudinho no lugar certo, nos mínimos detalhes, e então me virei mesmo. E vi. Vi alguém que me encheu de alegria, além daquela que sentia por me descobrir completo.

— Você, por aqui?

— E como não? — indagou-me o espírito com sua aparência farta e, como sempre, brilhante, reluzente.

— Abelardo! Chacrinha!

— O Velho Guerreiro — ele me respondeu, abraçando-me esfuziante.

— Mas você não morre nunca!... — exclamei espalhafatoso.

Só depois me dei conta do que disse, por força do hábito. Ainda, as palavras! Como empregamos a palavra sem refletir sobre seu significado. Abraçados, eu e o Velho Guerreiro demos gostosas gargalhadas.

— Rapaz, você aprontou mesmo do outro lado — comentou o velho Abelardo.

— Pois é... — balbuciei, meio sem jeito. — Veja que agora sou espírito também.

— Aos poucos vamos nos reunindo do lado de cá da vida, formando nossa turma de artistas desencarnados.

— Você continua o mesmo guerreiro, então?

— E por que não? Só que agora o *show* tem outros objetivos.

— Como, *show*? Então você continua, do lado de cá, como espírito, patrocinando *shows* para as almas penadas?

— Não é assim, como diz. Mas, por que não vem comigo, ver por si mesmo como a gente faz por aqui? Talvez o que vai presenciar sirva para te auxiliar nas decisões.

— Você também sabe da proposta que me fizeram, pelo jeito?

— Claro que sei. Eu e muitos outros espíritos, todos ligados à arte, à literatura e coisas semelhantes. Acompanhamos seu drama com o HIV e aguardávamos seu retorno à lucidez espiritual.

— Ih! Essa coisa de "lucidez espiritual" me soa como caretice de religiosos...

— Não no nosso caso. Todos trazemos da Terra muitas coisas mal resolvidas dentro de nós. A lucidez à qual me refiro é o estado de consciência do espírito. Aqui, trabalhamos todos para que o planeta Terra se renove, cientes de que precisamos unir nossos talentos para melhorar a vida no mundo. Veja o caso do Rio de Janeiro, por exemplo; nem precisamos falar do planeta todo. Só na Cidade Maravilhosa temos trabalho para mais de 50 anos. Imagine se toda a gente talentosa que morre para o mundo, ao vir para nossa dimensão, procurasse se unir? Com todo esse potencial reunido podemos fazer muita coisa boa em benefício do povo. Afinal, tem espírito de sobra por aí, precisando de auxílio.

— E o tal *show* ao qual você se refere? — retomei, curioso.

— Bem, não sei se já falaram para você sobre as várias dimensões da vida...

— Ainda não. Mas posso perceber que há uma grande diversidade de situações do lado de cá.

— Pois é — explicou o Velho Guerreiro. — O *show* ao qual me referi é em tudo semelhante ao que eu realizava na Terra, quando encarnado. Só que aqui reuni diversos artistas e uma multidão de espíritos com um objetivo bem definido. Fazemos apresentações nas chamadas regiões inferiores, ou no *umbral*, como os espíritos costumam denominar tais regiões. Lá se encontram multidões de seres que vêm da Terra através dos portais da morte e que não sabem que já morreram. Outros, conscientes de seu estado de desencarnados, ainda não encontraram forças para vencer o magnetismo da vida material e a poderosa atração que ela exerce.

— Uau, cara! Você fala feito aqueles espíritos que encontrei lá no Santuário do Frei Luiz.

— Desculpe, roqueiro, mas é o vocabulário que aprendi do lado de cá. O tempo faz a gente se modificar, você verá. Mas, ainda com relação ao *show*, vários espíritos de artistas se apresentam em determinada região do astral inferior e, através de sua música, tocam no coração e na intimidade daqueles que ainda não despertaram para a vida espiritual. Quando a arte, a poesia, a música e outros talentos são utilizados com o objetivo de tocar os corações mais materializados, essas almas sofridas modificam a sintonia íntima. Em momentos como esses, durante e após as apresentações artísticas, uma legião de espíritos do bem passa a encontrar naqueles que compõem a multidão desnorteada o clima íntimo propício para que sejam auxiliados.

— E o que acontece a partir de então?

— A arte eleva a alma. Com a sensibilidade aflorada, a multidão torna-se mais acessível ao socorro dos espíritos chamados samaritanos. Milhares de desencarnados são retirados das regiões inferiores durante nosso espetáculo.

— E aqueles que porventura não gostam da música ou de qualquer modalidade artística que vocês apresentam? Como é possível tocar na intimidade dessas almas?

— Bem, é claro que não podemos modificar a todos. Fazemos a nossa parte. Aqueles que têm afinidade com a vida noturna, a boemia, naturalmente poderão ser mais sensíveis às apresentações de Noel Rosa, Ary Barroso ou Ataulfo Alves. Outros espíritos, mais afins com as religiões e os temas afro-brasileiros, talvez encontrem sintonia e motivação ao ouvirem Clara Nunes cantar. Outros ainda poderão se deixar sensibilizar pela interpretação inconfundível de Elis Regina, e por aí vai.

— Então esperam de mim algo semelhante?

— E por que não? Com sua irreverência e seu *rock*, quem sabe você não possa ajudar os espíritos que desencarnaram vítimas das drogas ou envolvidos com o sexo desgovernado? Há, ainda, aqueles que simplesmente são almas rebeldes por natureza, como você. Afinal, meu caro, você não ignora que tem um carisma e um magnetismo intenso, não é?

— É! Quando vivo, ou encarnado, eu fazia a multidão de jovens ir ao delírio...

— Por aqui, você poderá utilizar sua arte e sua música para acordar a multidão de espíritos rebeldes, dependentes químicos, sexólatras... Repare que a vida aproveita os nossos talentos para auxiliar aqueles que se encontram em situação semelhante à nossa.

— Pô... — contive a tempo os pensamentos, efusivo. — É demais! Então é isso que esperam de mim?

Sorrindo e, logo a seguir, abraçando-me, o Velho Guerreiro me conduziu a outras regiões do chamado astral. Eu já me sentia um pouco melhor do que instantes atrás. Diante da minha disposição íntima, o velho amigo usou a expressão que lhe caracterizou a figura tão conhecida:

— Terezinha!!!

O MEGASHOW DA VIDA
CAPÍTULO 6

O LOCAL ERA como o de um *show* qualquer realizado na Terra, embora as sombras, que demarcavam o ambiente espiritual situado na região inferior do astral, para além dos limites de uma clareira gigantesca. Abria-se diante de meus olhos uma situação nova e diferente. Parecia que eu estava num anfiteatro, no qual o palco era localizado no centro de imensas fileiras de arquibancadas concêntricas. Luzes e cores se combinavam, vindas do alto, mas não pude identificar nenhum canhão de luz; acredito que aquelas luzes vinham das chamadas regiões superiores. Todo o ambiente brilhava como nunca eu havia visto em nenhuma de minhas apresentações na Terra. Grupos de espíritos iam e vinham, preparando-se para receber a multidão de almas sofredoras. O Velho Guerreiro me disse que, nas regiões inferiores, foram colocados estrategicamente equipamentos semelhantes a telões tridimensionais. O som das músicas seria canalizado diretamente para dentro das regiões sombrias, direcionado para a habitação dos espíritos sofredores e infelizes.

Acima do local onde se realizaria o *Show da vida*, conforme o velho amigo denominava a apresentação artística, via diversos espíritos ensaiando uma coreografia no ar; pareciam dançarinos que se elevavam às alturas. À medida que dançavam, seus movimentos tomavam o aspecto de fitas multicoloridas e esvoaçantes, que rodopiavam ao sabor do vento. Era algo que, na Terra, entre os chamados vivos, seria impossível imitar.

Telões gigantescos projetavam imagens de paisagens verdadeiramente paradisíacas e — de que modo, desconheço — também deixavam transparecer os aromas e o frescor da brisa das paisagens exibidas, bem como o calor agradável do sol. Era outra coisa impensável na Terra. As imagens eram tão reais que me parecia poder tocá-las.

Um espírito da equipe do amigo Abelardo aproximou-se de mim e pediu-me para fixar o olhar nas imagens projetadas. Comecei a sentir a brisa, o perfume das flores e resolvi então fechar os olhos. Imediatamente me vi projetado ou sugado pela imagem e de repente estava de fato vivendo aquilo que era apresentado na tela magnética; havia me tornado parte daquele ambiente retratado.

— Essa é uma tecnologia que ainda não chegou à Terra — esclareceu-me o espírito, enquanto eu vivia as cenas.

— Utilizamos essas imagens holográficas de forma a facilitar, para os espíritos desta região de sofrimentos, a visualização de situações e regiões mais felizes. Assim, durante as apresentações artísticas, eles poderão não somente ouvir as músicas, mas vivê-las, de acordo com os sentimentos que animam o cantor desencarnado. Entrando em sintonia com essas paisagens ou aquelas situações sugeridas nas letras das músicas que serão cantadas, poderão modificar sensivelmente seu clima mental.

Retornando lentamente do quase transe a que me entreguei, pude sentir em mim mesmo os benefícios imediatos daquilo de que falava o espírito. Assim, resolvi questionar:

— Então não é qualquer música que pode ser cantada durante o *Show*?

— O artista desencarnado conserva seu próprio estilo; porém, a letra, a sintonia vibratória e os sentimentos que serão despertos são objeto de cuidadosa reflexão e preparação. O conteúdo é o que importa, e depende dele o estado de espírito que será inspirado na multidão de almas a serem auxiliadas.

Mal o espírito havia falado comigo, dando suas explicações, e pude ver o Velho Guerreiro assumindo o palco para iniciar o seu *Show da vida*. A princípio apenas uns poucos espíritos pareciam ouvi-lo, sentados em cadeiras e arquibancadas improvisadas em meio àquela paisagem espiritual não muito convidativa. Foi assim até ele chamar alguns artistas, que se revezavam nas músicas e nas demais apresentações.

De todo lado vinham espíritos, atraídos pela música. Pareciam uma procissão de almas torturadas, verdadeiros fantasmas que seguiam a música intuitivamente, quase em estado sonambúlico. Eram recebidos por uma equipe de espíritos que se assemelhavam a enfermeiros e que os conduziam aos lugares anteriormente reservados.

Acima da multidão que se aglomerava no ambiente, bailarinas acompanhavam o ritmo da música de Elis, de Clara Nunes e de tantos outros artistas que se apresentavam naquela noite.

Durante a coreografia dos espíritos bailarinos, algo como pétalas de flores luminosas caía sobre a assembleia de almas enfermas. Enquanto isso, cada um dos presentes era transportado para as paisagens e imagens projetadas nas telas gigantes, que pairavam ao lado do palco. Jamais eu poderia imaginar algo semelhante. Pude ver, por mim mesmo, como aqueles seres, espíritos humanos, acordavam de um sono, talvez de um pesadelo composto pela dor e o sofrimento, e eram assistidos e amparados pelos chamados espíritos samaritanos. Acordavam de sua situação íntima encantados pela música, a poesia e todo o conteúdo de pura beleza daquele *megashow* espiritual.

Só então percebi o efeito das luzes coloridas, que me faziam lembrar os holofotes dos palcos da Terra. Assim que os espíritos despertavam de seu sono (ou pesadelo), isto é, quando recobravam a consciência devido à ação da música, jorravam do alto luzes e cores cintilantes, que provocavam tamanho efeito benéfico que eu mesmo, com meu corpo de espírito, pude sentir na íntegra. Havia algo mais por trás das luzes; as cores como que penetravam em cada célula do nosso corpo espiritual. O ritmo da música aliado às vibrações das luzes coloridas fazia com que os corpos espirituais passassem a vibrar em sintonia diferente da usual. Alguns ali presentes pareciam acordar de uma letargia secular.

Quanto a mim, observei desprender-se, principalmente da região genital e da área em redor do meu peito, uma substância similar a placas gelatinosas, conforme se afigurava à minha visão de espírito inexperiente. Com isso, me sentia cada vez mais leve. Olhei à minha volta e pude perceber que algo semelhante ocorria com os demais espíritos, que, como eu, eram necessitados de socorro e de recuperação. No meu caso, já havia recobrado a tal lucidez espiritual de que falara Abelardo. Eu sabia o que havia ocorrido comigo e por que estava ali.

Foi nesse instante de interiorizar emoções que fui abordado por um espírito da equipe dos samaritanos, o qual me esclareceu:

— Veja o efeito da música no corpo espiritual. Igualmente, a luz e a cor canalizam recursos energéticos de altíssimo padrão vibratório, que interagem com a delicada estrutura dos corpos espirituais. A música não somente aumenta a frequência e o ritmo em que vibra cada ser, como também sensibiliza a alma; auxilia de tal forma que as emoções desequilibradas se tornam mais suaves, tornando sutis as emanações do coração. Tudo isso nos auxilia na condução destes espíritos para uma nova postura íntima, mais elevada.

Na verdade, ainda achava toda aquela explicação um papo bastante careta. Com uma coisa, porém, tinha que concordar: o tal espírito falava com convicção e conhecimento. Eu mesmo experimentava alguma coisa diferente — e melhor — dentro de mim.

Compreendi, a partir daqueles momentos inesquecíveis para meu espírito, quanto podemos fazer com nossos dons e nossa arte em benefício da humanidade. Acredito que foi depois das reflexões desencadeadas durante o espetáculo de arte espiritual que comecei a pensar na humanidade, no destino de todos esses povos reunidos na mesma casa, a Terra. Ensaiava meus primeiros passos para além do meu mundinho particular e começava a ver a vida sob nova ótica. Minha visão se dilatava; meu sentimento era inundado por uma torrente de altruísmo, como diriam alguns. Apanhei-me em um momento de autêntica gratidão pela vida, de amor imenso pelo ambiente e os espíritos que me cercavam. Sobretudo, uma certeza de receber tal acolhimento, uma convicção de que pertencia a tudo aquilo... Logo eu, me sentindo integrado a alguma coisa, quem diria...

Adeus, solidão.

Quanta surpresa minha mãe teria se me visse agora. O rei da rebeldia baixara a guarda para se tornar mais um espectador da arte que baila ímpar no palco da vida.

Ao voltar os olhos para o que se passava a meu redor, presenciei o desfile de artistas desencarnados. Sabia que a maioria deles trazia graves problemas íntimos e talvez ainda estivesse longe de solucioná-los.

A vida de artista na Terra facilita muitos desregramentos e abusos. Quando de posse do corpo físico, a fama, o palco e os aplausos acabam por nublar a visão espiritual, a visão das coisas tais como são. Na rede das ilusões que aqueles elementos mundanos criam, perde-se contato com o verdadeiro sentido e propósito da arte, que é relegado aos bastidores. Talvez, por isso, grande parte daqueles cantores, bailarinos, músicos e demais espíritos que ali se apresentavam também trouxessem em si graves problemas a serem resolvidos. No entanto, seu empenho naquele trabalho era notório. Radiantes por poder contribuir para a renovação da humanidade, cada qual a seu modo, não se conformavam em aguardar simplesmente. Afinal, esperar pelo quê? Tornar-se perfeito ou santificarse primeiro? De maneira alguma! Contribuíam para o bem da forma como estavam.

Tais reflexões e observações foram de suma importância para minha vida espiritual. Fechei os olhos na tentativa de deter as lágrimas que ameaçavam descer. A música preenchia minha alma enquanto me derramava por inteiro numa oração, da qual me recordava naquele momento:

— Ave Maria, cheia és de graça... — eu balbuciava, conforme havia aprendido na infância.

Quando abri os olhos, era só sorriso:

— Que bom, meu neto! — exclamava minha avó, cheia de contentamento. — Que bom que você rezou!

Ela estava de novo a meu lado. Como foi reconfortante ver um rosto familiar naquele momento...

Pétalas de flores caíam sobre todos nós enquanto os espíritos bailavam sobre toda aquela gente ali reunida. Ao longe, ainda pude ouvir a voz do Velho Guerreiro ecoando:

— Terezinha!!

SOFRIMENTO ÍNTIMO
CAPÍTULO 7

APÓS UM PERÍODO benéfico de repouso, de volta ao Santuário de Frei Luiz, resolvi aceitar a proposta dos mentores daquele lar. Cheguei à conclusão de que era melhor para mim trabalhar e auxiliar outros com meu canto, meu *rock* e meu ritmo do que ficar me lamentando e formando um inferno particular em algum recanto obscuro do mundo astral. Somente o fato de haver tomado essa decisão pareceu ter produzido em mim um imenso alívio.

De tempos em tempos, uma angústia indefinível irrompia de dentro de mim. O pranto era impossível de deter. Naqueles momentos de recaída eu recordava meus excessos e tudo aquilo que fizera durante a experiência física e que chocava as pessoas. As cenas de minha vida se passavam dentro de mim, e a depressão se instalava. Via-me nas boates, cantando nos palcos ou na prisão, revoltado, xingando, praguejando, protestando ou brigando.

A partir das reflexões e da decisão que tomei, essas crises periódicas cessaram completamente. Ainda me lembrava de tudo o que fizera na vida; porém, agora, dotado de uma visão diferente, eu não me entregava mais à deprê ou ao pessimismo das ideias complicadas. Já podia reavaliar minhas atitudes vendo tudo sob outro ponto de vista.

Adeus, culpa.

Por algum tempo recebi ali, no Lar de Frei Luiz, tanto o ensinamento, em forma de aulas ministradas junto à natureza, como um tratamento mais intensivo, a terapia energética.

Foi num desses dias que o Santuário recebeu uma equipe de espíritos samaritanos, que conduziam 14 outros espíritos em estado lastimável. Eram antigos membros do narcotráfico, que morreram de maneira brusca, violenta e complicada em um enfrentamento de grandes proporções nos morros do Rio de Janeiro. Minha atenção foi despertada juntamente com uma curiosidade sem limites.

Frei Luiz, o espírito responsável pelas atividades naquele lar, convidou-me a acompanhá-lo na recepção aos recém-desencarnados.

Tais espíritos traziam a aparência de mendigos espirituais. Vestiam-se com trajes sujos e rotos; odor forte e desagradável emanava de cada um deles. Estremeci assim que me aproximei dos espíritos. Frei Luiz me amparou através de seu olhar profundo, cheio de equilíbrio.

Notei que esses seres pareciam vagar sem saber para onde iam. Talvez nem soubessem que haviam morrido para o mundo. Quem os visse certamente associaria sua aparência com aqueles filmes de terror que mostravam os chamados mortos-vivos. Era horripilante. Comportavam-se como zumbis.

Frei Luiz aproximou-se de cada um, falando baixinho no ouvido deles. Tocava de leve a cabeça de cada espírito, como a fazer um carinho, talvez um cafuné, mas eles não lhe registravam a presença. Apenas caminhavam, conduzidos por um samaritano. Frei Luiz beijou a face de um por um e os deixou seguir.

— Esses, meu filho — principiou o mentor —, são espíritos dementados e seriamente afetados em seu psiquismo mais profundo, devido ao grande mal que causaram ao seus semelhantes. Acostumados apenas a questões materiais, ligados ao poder e ao dinheiro, nem sequer sonham com a possibilidade de uma vida espiritual. É nosso dever ampará-los e conduzi-los ao internamento imediato.

— Então receberão tratamento médico-espiritual e depois serão esclarecidos quanto à sua situação de desencarnados?

— Não é tão simples assim, meu filho. O único tratamento eficaz para eles é a reencarnação. Serão conduzidos a novos corpos físicos. No caso de espíritos como esses que ora recebemos, que se especializaram no tráfico de drogas e no desrespeito total à vida, é necessário um corretivo social, internados em corpos físicos. Naturalmente que não retornarão ao meio de onde vieram, pois assim poderiam prejudicar novamente a comunidade à qual se vincularão. Experimentarão situação social compatível com a sua necessidade de reeducação.

— E onde espíritos assim poderão reencarnar para se corrigir ou educar?

— Passarão primeiramente por um breve tratamento magnético e somente após essa etapa poderão ser encaminhados a seus novos corpos. Onde? No caso específico desses irmãos, renascerão como mulheres, em países árabes. Lá, sob o regime austero que vigora em certas nações, e por imposição da sociedade e da cultura a que estarão vinculados, enfrentarão as duras provas que promoverão o reajuste necessário. Somente bem mais tarde, após várias peregrinações nessas condições, é que poderão retornar ao clima espiritual do Brasil.

— Cara, isso é demais! — falei sem pensar.

Frei Luiz olhou para mim, e imediatamente procurei corrigir:

— Quer dizer... Puxa! Que barra, hein?

— Não se preocupe, meu filho. Eu soube interpretar bem as suas palavras. O problema do tráfico de drogas no Brasil, especialmente aqui, no Rio, é lamentável — prosseguiu ele. — Nossa comunidade espiritual tem um compromisso com a sociedade brasileira, que procuramos atender na orientação desses seres temporariamente desajustados.

— Eles não poderão se reeducar, como eu mesmo, oferecendo sua cota de contribuição, de alguma forma? O convite que foi feito a mim não poderá ser extensivo a eles também, de modo análogo?

— Em casos assim, não, meu filho. Você em momento algum intentou ou premeditou prejudicar quem quer que seja. Sua arte, sua música cheia de irreverência influenciou uma multidão de jovens, e não podemos dizer que tenha sido má influência. Apesar de sua conduta um tanto desmedida, suas atitudes foram as de uma geração rebelde, mas que procurava se firmar e se mostrar capaz. Não houve intenção de prejuízo para o próximo. Mesmo que as pessoas se inspirassem em seu comportamento exagerado, você foi uma referência e, em virtude disso, pode empreender, ainda hoje, muitas ações concretas em favor do bem. Seu magnetismo, sua música e seu carisma produziram efeitos positivos em um grande número de pessoas, ainda que, em algum momento, possa pensar o contrário. Do lado de cá, consciente da realidade espiritual, você pode alcançar ainda mais êxito junto aos corações.

— Mas e os ex-traficantes?

— No caso desses infelizes, a situação é bem diversa da sua. Você utilizou a droga; eles a traficaram, fizeram dela seu meio de vida. Incentivaram seu uso, cometeram todo tipo de abuso e violência em seu nome. Mataram, roubaram e criaram uma rede de influências tão ampla que, ao morrerem, logo outros se sucedem em suas ações ilícitas e destrutivas, substituindo-os. Soltos, do lado de cá, continuariam a influenciar seus antigos colegas de modo ferrenho, constituindo-se no que chamamos habitualmente de obsessores. Seriam perseguidores vorazes ou, ainda, seriam eles próprios utilizados por outras entidades mais perversas e experientes do que eles.

— Eu não havia pensado dessa maneira — respondi, surpreso.

— Esta, a razão pela qual o internamento em novos corpos físicos, através da reencarnação, será a terapia emergencial à qual fazem jus. Há outro aspecto envolvendo o caso desses traficantes. Ao reencarnarem em país distante do atual, em corpos femininos e "disfarçados" em meio a uma sociedade exigente, religiosa e austera, estarão também temporariamente escondidos de seus próprios obsessores particulares. Como você pode notar, todo o contexto reencarnatório, inclusive o ambiente cultural bastante diverso, foi planejado em detalhes, pois essa é uma etapa que merece cuidados especiais com vistas à reeducação de tais espíritos.

— E quanto a mim? E os meus obsessores, onde estão? Devo tê-los também. Não cruzei com nenhum deles ainda?

— Calma, meu filho. Dê graças a Deus! Você está sob a tutela de alguém com mais amplas aquisições espirituais.

"Minha avó", pensei, sem articular palavra.

Mal se esboçou a ideia em minha mente e Frei Luiz retomou:

— Exatamente! Ela interveio em seu favor, e é em virtude dessa interferência que hoje você obtém o auxílio e a oportunidade de se reabilitar ante sua própria consciência.

— Mas isso quer dizer que não recebi o convite para o trabalho que me fizeram neste lar apenas devido a meu potencial artístico?

— Não pense nisso agora. Creio que o momento pede que aproveitemos as oportunidades e sejamos gratos à vida pela confiança depositada em cada um de nós.

Pensativo, deixei Frei Luiz dedicando-se ao cuidado dos espíritos e à orientação de sua equipe. Respirei o ar puro daquelas paragens e, assim que me senti ainda mais integrado àquele ambiente, pude perceber que alguma coisa nova surgia dentro de mim. Brotara em meu espírito a vontade de cantar novamente!... Imediatamente, porém, indaguei-me: Que tipo de música? Depois de pensar um pouco mais sobre aqueles espíritos que eu vira a instantes chegar ao Santuário, nova canção se esboçava em meus pensamentos.

Aqueles eram dias em que eu me sentia

como que a renascer, com muita esperança no futuro. Acredito que, por isso mesmo, já tinha o título lo para a música: *Canção da esperança*.

SEXO E ESPIRITUALIDADE
CAPÍTULO 8

AINDA NO LAR espiritual que me acolheu ocorreu um fato muito marcante para meu espírito. Descobri que eu sentia fome, sede e que até mesmo as funções sexuais, que eu julgava próprias dos vivos da Terra, estavam ativas em meu ser. A situação me incomodava muito, e, envergonhado, não perguntei nada a respeito do assunto ao Frei Luiz. Talvez porque, no meu passado recente, o sexo foi uma das forças mais vibrantes dentro de mim e, justamente através dele, cometi os maiores excessos.

Não me vejo hoje como culpado de nada. Aliás, esse negócio de culpa acho pura caretice de gente metida a santa e dos "fabricantes de religião".

Vejo-me apenas como responsável pelos meus atos. Quando vivi certas experiências nas badalações e nas noitadas cariocas eu apenas tentava desfrutar a vida daquela forma descompromissada tal qual vivi. Não pensei em prejudicar ninguém — nem a mim mesmo. Creio, porém, que não soube medir as consequências e o alcance das minhas atitudes.

Ao constatar em mim, como espírito, a força vibrante da sexualidade, senti-me sem saber como dominar os velhos desejos que vez ou outra irrompiam dentro de mim. E a fome e a sede que sentia? Como explicar que, como espírito, eu sentisse as mesmas coisas que, em tese, somente fariam parte da rotina de encarnado ou de quem possui um corpo físico? Como explicar, ou melhor, como encarar o fato de que, mesmo depois de morto, eu continuasse a sentir desejos? Isso tudo me incomodava intimamente, quando fui apresentado a um espírito que, para mim, representou a salvação da situação angustiante em que me encontrava.

— Olá, meu amigo! — introduziu o espírito. — Meu nome é Tony. Creio que temos muito que conversar.

Cara, que nome mais careta esse espírito tinha de arranjar. Tony já era um nome ultrapassado desde a época em que eu estava na Terra, quer dizer, encarnado.

— O nome é apenas para que possamos estabelecer sintonia, um elo.

O tal espírito pareceu adivinhar meu pensamento. Por aqui, a gente tem de aprender logo que pensamento bom mesmo é aquele que nem veio ao consciente. Sem que a gente perceba, temos nossa privacidade mental invadida, deflorada, sem o menor pudor. E antes que possamos reagir, uma vez que não sabemos qual espírito tem a capacidade de penetrar nossos pensamentos e qual não a possui.

— Você não é aquele cara que ficou famoso na Terra com a música rebelde e o jeito irreverente e exagerado?

— É, tudo indica que seja eu mesmo — respondi, um tanto constrangido. — É pena que por aqui a fama e o dinheiro não valem muita coisa.

— De fato, posso afirmar com absoluta certeza que classe social, religião, fama ou tradição familiar são valores que não têm qualquer importância do lado de cá da vida. Por aqui, amigo, o que vale mesmo são as aquisições íntimas.

— É por isso que, de cara, pensei: "Tô ferrado!..." — deixei escapulir.

— Pois é, mas, pelo que me consta, você recebeu um convite maneiro por parte dos responsáveis pelo Santuário.

Ainda bem que o Tony não reparou no meu vocabulário. Afinal, eu falava daquele jeito não mais por simples rebeldia; era costume, mesmo! De qualquer maneira, ninguém vira santo de um minuto para o outro, ou assim que desencarna.

— Parece que alguma coisa anda te incomodando quanto a certas questões mais íntimas...

Ele parecia saber de tudo mesmo.

— A questão da sexualidade é algo que merece atenção especial nos dois lados da vida.

— Mas tem tanta coisa que não compreendo ainda! — exclamei, baixando a guarda. — E julguei que já havia vivido de tudo em minha vida, ainda mais com relação a esse assunto. E agora, depois de morto, estou entrando em parafuso. Que piada!

— "Em parafuso"? — indagou Tony.

— É! É apenas uma expressão que aprendi lá na Terra, ou melhor, quando encarnado. Significa apenas que estou pirando, que não tenho explicações para minhas dúvidas e... você sabe como é.

— Ah! A velha questão do desejo, do sexo, da alimentação entre os desencarnados. Eu sei como isso é. Também passei pelas mesmas dúvidas que você.

— Bem, você poderia me esclarecer alguma coisa? Sou novato nesse negócio de vida após a morte, sabe?

— A morte é apenas um portal que se abre para uma nova visão do mundo e da vida — começou a explicar meu novo amigo.

Já o estava achando legal. Até o nome dele não me soava mais tão careta como antes.

— Muita gente morre, mas desencarnar é para poucos.

— Ora essa! — o interrompi. — Então morrer e desencarnar não são a mesma coisa? Cara, que alucinação...

Ele prosseguiu, sem afetação:

— Podemos entender a morte tão somente como a cessação da vida no corpo físico. Tudo é uma questão de vocabulário. Estou apenas fazendo uma analogia, para que você possa compreender certos aspectos. Sob tal ponto de vista, todo dia morre gente no mundo. Entretanto, quero dizer é que desencarnar significa bem mais do que perder a velha roupagem do corpo; está muito além disso. Grande número de almas passam para a dimensão extrafísica da vida, embora conservem-se mental e emocionalmente apegadas às imagens, paisagens e sensações da vida material. Esses espíritos morreram para o mundo, todavia não desencarnaram, no verdadeiro sentido do termo. Isto é, trazem a morte impregnada de todas as sensações e os desejos próprios do corpo físico e da vida material.

— Isso se dá também nas questões do sexo?

— Não é somente isso que ocorre. Não há como deixar de lado o fato de que o sexo, na verdade, está muito mais na mente do que nos órgãos genitais. Por muito tempo ainda, talvez milênios, o espírito necessitará das manifestações da sexualidade. Lembra-se de que na Terra há muitos que fazem sexo sem amor?

— É claro que me lembro... e muito bem.

— Pois é, por aqui, entre os chamados desencarnados, somente os espíritos superiores são capazes, por ora, de amar sem a necessidade do ato sexual. Eles amam, sem o imperativo do sexo genital.

— É... — pensei. — Talvez seja por isso que não sou nada superior. Adoro me sentir por inteiro e inteiramente funcional. Muito melhor do que gente careta, sem ânimo nem tesão pela vida. Em toda a minha vida, nunca quis saber de perder o tesão, jamais aceitei que o tédio pudesse me vencer.

— O que lhe tem angustiado, meu amigo, ocorre com a maioria dos espíritos — prosseguiu Tony. — Passar para o outro plano da vida, pura e simplesmente, não implica que o ser se encontre em plena vivência da espiritualidade. De modo algum. Consideradas as questões vibracionais, logo após o plano físico encontramos a dimensão das emoções. É o chamado *plano astral*, onde o espírito exterioriza todo o atavismo milenar registrado em seu corpo espiritual. Comer, beber, dormir, fazer sexo são situações vividas durante milhares de anos nas diversas experiências reencarnatórias. Quando vêm para o lado de cá, na dimensão onde nos encontramos, é natural que os corpos espirituais tragam impressos em sua memória todas as experiências vivenciadas pelo ser. Tornam-se, assim, compreensíveis as sensações de fome e de sede, os desejos e os impulsos de sexualidade, que são gerados e elaborados na intimidade do espírito. No fim das contas...

— Quer dizer que o sexo não é algo pecaminoso? — não me contive e o interrompi.

— Claro que não! Nunca foi pecado e jamais o será! Por mais que preceitos moralistas, sustentados por indivíduos imaturos de todas as épocas, procurem transformar aquilo que Deus criou em erro, vergonha ou motivo de escárnio. Do lado de cá, o pensamento é tudo, e, já que a memória espiritual guarda os registros de todas as experiências...

— Vocês então veem com naturalidade as manifestações do desejo entre os desencarnados? — novamente intervim na explicação de Tony, intrigado com o que acabara de ouvir.

— Podemos dizer: é algo tido como natural entre os recém-desencarnados. À medida que o espírito se libera das impressões sensoriais de sua última existência, o corpo espiritual reflete imediatamente a nova situação mental. Sexo é transfusão de energias, seja entre encarnados ou desencarnados. Os religiosos é que geralmente transformam o sexo em tabu ou em algo proibido, profano.

— Então posso considerar natural eu sentir as mesmas reações que sentia quando vivo?

— Vivo você permanece, como permanece viva na Terra a memória daquilo que você fez e de quem você foi, a sua arte e a sua obra. As reações de fome, sede e sexualidade só se manifestam do lado de cá enquanto estamos nas faixas de vibração próximas à da Crosta. Como lhe disse antes, ao atingir a condição de espiritualidade o ser transcende a função dos órgãos que ainda ostentamos em nosso corpo espiritual.

— E por quanto tempo mais ficarei nessa vibração próxima à da Terra?

— Só Deus sabe, meu amigo. Todos nós estagiamos no plano astral, às vezes por longos milênios, até que aprendamos o desapego em relação à vida material.

— Ufa! Ainda bem! Não gostaria de deixar de sentir certas coisas. Pelo menos, não tão depressa.

— Você terá muito tempo à sua disposição para estudar tudo isso e talvez descubra muitas outras coisas que lhe deem prazer nesta nova vida de desencarnado.

— Mas diga-me uma coisa — ponderei curioso. — Se o sexo é considerado assim tão natural, por que se diz que tanta gente se perde devido ao uso de algo que está na própria natureza? Falo por mim mesmo. Não é que tenha sido cobrado por quem quer que seja. Diga-se de passagem, estranhei o fato de que nenhum espírito apareceu para levar-me a tribunal algum, que eventualmente pudesse me condenar por meus abusos. Minha própria consciência é que me deixa desconcertado.

— Você mencionou duas palavras-chave: abuso e consciência. Deste lado da vida você não vai encontrar nenhum tribunal que o possa condenar. Sua consciência é a voz divina que fala dentro de você e mostra os limites para que possa orientar sua ação. Quando essa voz interior alerta que foi ultrapassado o limite entre o natural e o abuso, aí, como diria você: a coisa pega.

— Talvez fosse melhor um tribunal...

— A consciência de cada um é que delimita o campo de ação de cada ser. O sexo, considerando nossas reflexões, é uma aquisição abençoada para promover o progresso do ser ao longo dos séculos. O prazer sexual é o estímulo para que os homens da Terra possam se refazer nas trocas incessantes de energia. Entretanto, como em tudo na vida, pode haver abuso, o que é prejudicial. Ao ultrapassar certos limites impostos pela natureza, o homem cria situações aflitivas para si mesmo.

— Como ocorreu comigo...

— Como ocorreu *conosco*, meu amigo. Na Terra, dificilmente encontraremos espíritos que não se comprometeram no exercício da sexualidade de modo indiscriminado.

— Diga-me uma coisa: como lidar com isso do lado de cá da vida? O que fazer com esses impulsos que vêm de dentro de mim e se manifestam tão visivelmente neste novo corpo que possuo?

— Você só aprenderá com o tempo, meu amigo. Só o tempo. Acredito que por ora é suficiente que você saiba que o sexo está, sobretudo, em sua mente. Ademais... Bem, deixe que a natureza de seu corpo espiritual exprima aquilo que está dentro de você. Isso será, inclusive, um exercício saudável e um termômetro eficaz para que você possa medir como anda a "temperatura" dos seus pensamentos.

Alguns dias se passaram desde minha conversa com Tony. Durante esse tempo, o assunto sexo e sexualidade não saía de minha mente. Aproveitei as novas ideias e as reflexões delas decorrentes para avaliar, sem medo nem preconceito, minhas experiências nessa área. Quando vivo ou encarnado, não dediquei meu tempo a reflexões verdadeiras, mesmo com psicanálise e tudo. Tive uma vida muito agitada entre as curtições próprias da juventude, os problemas causados aos meus pais, em virtude das minhas atitudes, bem como as badalações com sexo, drogas e *rock'n'roll*. Apenas a época da aids me deu certa propensão para meditar um pouco, mas me faltava a tranquilidade necessária.

Aqui, tudo era novo para mim. Até mesmo o fato de dedicar-me a pensar sobre tudo isso e refletir acerca das minhas escolhas e atitudes. A morte apronta dessas coisas com a gente. Não só a morte por HIV, mas qualquer gênero de morte. Não há como fugir à análise de sua própria vida. Sentia em mim toda a força e a virilidade próprias dos homens encarnados. Desejos, pensamentos que não eram mais tão secretos, a nostalgia e — devo ser sincero — até mesmo certa saudade de algumas pessoas e situações. Todavia, em meio a tudo isso, era compelido a avaliar meus atos e até mesmo a reeducar meu pensamento ou minha forma de pensar. Até aí, tudo bem. Aceitei que tudo isso era uma peça pregada pela morte, que aprontou para mim este divã meio transcendental e um tanto compulsório. Só não admitia me converter num espírito careta e ultrapassado, com um vocabulário recheado de velharias e termos religiosos. Ser espírito, tudo bem. Mas que seja um espírito moderno, como a melhor e mais original canção de *rock'n'roll*.

MENINOS DO RIO
CAPÍTULO 9

ALGUMAS REFLEXÕES e conclusões haviam me beneficiado muito. Não me tornei santo — nem desejo isso para mim. Deve ser uma chatice ter que aturar um espírito certinho, santinho e que nunca teve nenhum problema na vida.

Estava reaprendendo a gostar de mim mesmo do jeito que eu era. Já não me esforçava mais para modificar minha forma de falar. Os demais espíritos me compreendiam as intenções e, portanto, não era justificável a minha vergonha. Reaprender a gostar da vida, de si mesmo e de sua forma de ser, de seu jeito espontâneo de agir e falar — tudo isso era algo muito bom de experimentar. Desde que conheci Tony, aos poucos pude reconquistar minha auto-estima. Tínhamos longas conversas e dávamos gostosas gargalhadas. Descobri também que espírito ri, brinca, sente desejos, tem sede, fome, faz amizades e ama.

Numa dessas tardes, quando terminava as atividades no lar espiritual ao qual me vinculara, Tony procurou-me radiante.

— Frei Luiz permitiu que eu conduzisse uma excursão. Acho que você vai gostar.

Tony agora se comportava como adolescente. Ele me fazia sentir-me vivo de verdade. Em sua presença, não sentia necessidade de disfarçar ou camuflar nada ou nenhuma parte de mim e do meu comportamento. Não que pudesse — pois ele parecia adivinhar meus pensamentos mais secretos —, mas me sentia totalmente à vontade com o novo amigo.

— Sabe aquela nossa conversa a respeito de sexo? — indagou Tony, logo em seguida.

— Claro que me lembro — respondi. — Tudo o que conversamos ainda faz parte de meus agitos mentais...

— Pois bem. Vamos visitar algumas pessoas interessantes. Acho que você terá uma ótima oportunidade de estudar algumas questões.

Fui tomado por tremenda euforia. Primeiramente, porque o assunto me excitava as emoções; depois, porque teria chance de ver a vida do lado de fora do Santuário, mas com uma perspectiva diferente da que tinha anteriormente.

— Não fique assanhado assim — repreendeu-me Tony, sério, mas com bom humor. — Você sabe quanto nossos pensamentos influenciam nosso estado de espírito. Prometa-me uma coisa.

— Fale! Prometer o quê?

— Qualquer situação constrangedora com a qual a gente se deparar, você se reportará a mim.

— É claro, é claro! Tá combinado — concordei sem entender direito o que Tony queria dizer. Não devo ter parecido convincente em minha promessa.

— Tanto você quanto a maioria dos artistas viveram momentos de suas vidas muito intensamente. As vivências na área da sexualidade, das drogas e do dinheiro deixaram marcas muito profundas em seus espíritos. Na visita a que me refiro, você terá como objetivo tão somente as observações que lhe fortaleçam as reflexões e decisões tomadas. Contudo, pode ocorrer o contrário. Portanto, é necessário cautela e uma atitude *mo-de-ra-da*, você entendeu? As memórias de sua vida recente podem vir à tona e despertar sentimentos de culpa e fatos que, por ora, não é útil retomar.

— Ih! Mas precisa tanto sermão? Pode deixar, Tony. Se ocorrer qualquer coisa assim, contarei a você imediatamente. Isso eu sei fazer muito bem. Vou transformar as emoções num *rock* que vai abalar qualquer sentimento de culpa. Não vou dar mais tempo para isso em minha vida. Prometo.

O novo companheiro abraçou-me, e juntos fomos ao centro do Rio de Janeiro. Ah! A Cidade Maravilhosa... Como era bom respirar o ar da minha terra e sentir-me em casa, parte de toda aquela beleza, da cidade onde vivi meus melhores e piores momentos.

Evidentemente, fora estimulado a estudar a respeito da sexualidade devido às minhas próprias necessidades. Quem sabe os questionamentos que afloravam à minha mente não eram os mesmos da maioria das pessoas?

Tony, que me conhecia os pensamentos mais íntimos, falou-me mentalmente:

— Sexo não é algo que tenha a ver somente com os encarnados. O problema da sexualidade ultrapassa as fronteiras da carne e vai muito além dos órgãos femininos e masculinos. Do lado de cá da vida, sexo significa polaridades positiva ou negativa, características da alma humana.

As palavras de Tony repercutiam em meu íntimo quando chegamos próximo da Candelária. O local, visto do lado de cá, com os olhos do espírito, era algo assustador, atemorizante até.

Àquela hora, no princípio da noite, garotas e garotos de programa iam e vinham, muitos deles exibindo o próprio corpo, que punham à venda. Alguns rapazes menos vulgares traziam os olhos afogueados pela paixão por sexo. Travestis e alguns "entendidos", como se dizia antigamente, pareciam disputar a preferência de homens que os procuravam para a satisfação de seu apetite sexual. Permeando tudo e todos naquele local, vi uma nuvem escura, que dava a impressão de descer lentamente, de modo mais intenso sobre algumas pessoas em particular. Naquele mesmo instante, a névoa cinza-chumbo que a compunha era aspirada através dos poros e da respiração daqueles indivíduos.

Tony veio em meu socorro:

— O que você vê, meu amigo, é o resultado das criações mentais viciadas e viciantes. São larvas e bactérias astralinas e vibriões mentais que nossos amigos encarnados respiram juntamente com o ar que inalam.

O que via dava-me nojo e provocava repugnância. Parecia que eu ia vomitar, tamanha náusea e asco senti. Tony tocou-me o ombro esquerdo, inspirando-me segurança e me devolvendo o equilíbrio necessário para prosseguir nas observações.

— Nunca imaginei que existisse algo assim — sentenciei.

— Existem muito mais coisas do que supõe a nossa vã filosofia, como diz o ditado. O mundo está cheio de criações mentais dos seres humanos, e cada um respira de acordo com o clima psíquico que lhe é próprio.

Ao lado das pessoas que divisava, dos garotos e garotas de programa que permaneciam a disputar clientes como quem caça sua presa, sem sequer cogitar o que ocorria, presenciávamos uma cena lastimável: espíritos em estado deplorável, uma verdadeira multidão de seres agrupados de acordo com suas afinidades. Alguns andavam, outros se arrastavam ou rastejavam sem o corpo físico, com terrível aspecto de mendigos espirituais. Davam mostras de conviver em harmonia com os humanos encarnados. Entre os que vagavam por ali, alguns espíritos, mais lúcidos — isto é, menos embriagados por aquela atmosfera desagradável —, ao olharem para mim e Tony, tiveram suas recordações despertadas:

— Vejam! — gritou um deles. — Não é aquele cantor famoso que badalava pelas noites e bares da cidade?

— É ele mesmo, vejam! — outro espírito me identificava e despertava a atenção dos demais.

— Ele está agora acompanhado de um anjo! Que bonitinho!... Então virou santo quando chegou do nosso lado, hein? — o sarcasmo era total.

— Que nada! Ele já era *playboy*, filhinho de papai lá da zona sul há muito tempo, *brother*. Só subia o morro pra comprar "bagulho" — disse outro, mais malandro e agressivo.

Tony endereçou um olhar significativo para os espíritos, desanimando-os de qualquer intenção. Eu tremia todo por dentro; fora pego de surpresa com a reação dos espíritos.

— Ele é protegido — concluiu um deles, afastando-se. — Vejam, ele agora é um dos protegidos do Cordeiro! — o espírito gritava aos berros, apontando para mim.

Confesso que não me senti nada bem. Aquela era uma prova de fogo para meu espírito. Juntamente com os gritos e o escárnio das entidades revoltadas, imagens mentais vinham em minha direção. Sentia-me visivelmente abalado. Segurei firme em Tony, procurando obter socorro. Ele entendeu na hora meu pedido mudo de ajuda. Passamos adiante, deixando aqueles espíritos para trás. Dali, Tony me conduziu para o Leblon. Visitaríamos determinada boate, local onde eu poderia fazer mais observações. Antes, porém, eu precisava respirar o ar fresco do mar, conforme assinalou meu guia turístico particular. De fato, necessitava me recompor para poder prosseguir.

A meu lado, ambos de frente para o mar, Tony orou, pedindo forças e disposição para mim. Senti-me imediatamente renovado, como num passe de mágica. Não imaginava que a oração pudesse nos retemperar tão rapidamente. Eu não sabia orar. Dali em diante, porém, procurei abrir a minha alma e receber os benefícios da prece e o auxílio necessário.

— Você precisa haurir forças, meu caro, que só o contato com o Alto lhe proporcionará — explicou Tony. — Como você pode notar, a elevação do pensamento produz refazimento imediato, e é através do exercício da prece que você alcançará maior equilíbrio íntimo. Afinal, precisa enfrentar certas situações que ficaram profundamente mal resolvidas em sua consciência. Não adianta fugir ou tentar driblar a vida. Ela não é um jogo de futebol no qual a gente possa driblar o adversário e chutar a bola sem se preocupar com o que ficou para trás. Para fazer gol nessa partida e sair dela vitorioso, é necessário encarar face a face o adversário. E, no caso das questões íntimas e morais que se apresentam, o adversário está em si mesmo: é a própria personalidade.

— É, vejo que terei de deixar de lado mais esse preconceito, com relação à oração. Logo eu, que sempre tive uma atitude *rock'n'roll* e pensava ter abolido os preconceitos. Cada um tem a sua dose de hipocrisia, não é verdade?

— É isso mesmo. É bom ver isso cara a cara, numa boa. Visitar alguns ambientes também proporcionará a você uma visão real do que ocorre em algumas das situações com as quais esteve familiarizado. Verá por si mesmo aquilo que tem estudado e ouvido de outros espíritos. Esse enfrentamento de circunstâncias difíceis redundará em seu benefício, mesmo que exija esforço no momento. Durante todo o tempo, nem preciso dizer, estarei com você, lado a lado. Pode confiar.

A boate estava repleta de gente — dos dois lados da vida. A música intensa e vibrante me fez recordar as noitadas, os *shows* e as curtições. Havia diversos rapazes, que se comportavam das mais variadas formas. Alguns, mais tímidos, pareciam observar de longe todo o rebuliço do pessoal. Outros caras se abraçavam e se beijavam, naquele ambiente que oferecia abertura para um comportamento mais extrovertido. No centro do salão, alguns sujeitos contratados pela administração do local faziam *striptease*, exibindo seus dotes para a rapaziada frenética. A plateia delirava.

Enquanto isso, do nosso lado… Figuras bizarras, estranhas mesmo, formavam o cortejo de desencarnados presentes naquele ambiente. Eram espíritos de homens e mulheres que haviam sido atraídos devido às vibrações de sensualidade, erotismo e permissividade que emanavam do local.

Algumas das pessoas encarnadas que estavam ali, eu as conhecia. Lembrava-me de alguns deles em encontros do passado. Os espíritos pareciam alheios a qualquer conceito de pudor e, muito menos, de elevação moral. Grudavam-se às pessoas ali presentes, sugando-lhes as emanações etílicas e sensuais, tais como vampiros, ávidos pela energia sexual. Indiferentes à ideia da imortalidade ou a maiores responsabilidades, esses seres, invisíveis aos olhos humanos, praticavam atos sexuais entre si. Comportavam-se de tal maneira a influenciar os encarnados, que, aos poucos, cediam a seus estímulos. Na verdade, em alguns casos a simbiose era tamanha que se tornava difícil distinguir onde iniciava o impulso de um e terminava o desejo do outro.

O que presenciei até então era o bastante para que eu fizesse uma ligação com o que vivera no passado. Imagens e recordações vinham-me à mente, e senti uma avalanche de emoções que ameaçavam me dominar. Estremeci por inteiro.

A música era tão estridente e alta que parecia hipnotizar tanto encarnados como desencarnados. Aqueles que não sucumbiam aos desejos inspirados pelas entidades ali presentes mal conseguiam equilíbrio para manter-se ao abrigo das emoções desenfreadas.

Dirigi-me instintivamente a outra parte da boate. Era um cômodo escuro e fétido. Talvez os encarnados que lá procuravam o prazer fácil nem sentissem o mau cheiro que o local exalava, mas era algo físico, tenho certeza. O chão estava repleto de criações mentais que, a meus olhos, assemelhavam-se a baratas. Os encarnados pisavam em tudo, e, à medida que o faziam, tais criações subiam-lhes pelos pés e pernas, alimentando-se de seus fluidos vitais. As paredes, pegajosas, pareciam absorver as emoções ou anular o poder de raciocínio. Era a embriaguez no mais alto grau, mais pela energia sexual que pelas drogas e bebidas, que ali rolavam à vontade.

Naquela sala totalmente escura aos olhos humanos, ninguém era de ninguém. Era um ambiente que os encarnados conheciam pelo nome de *darkroom*, devido à total ausência de luz. Todos se possuíam sem se ver, e eram levados à loucura.

Quanto a mim, tive ânsia de vomitar. Era como se tudo aquilo causasse tal estado de espírito em mim, tão diferente e perturbador, que todo o meu ser se revoltava com o que via, do lado de cá, naquele gueto infernal. Como desencarnado, podia observar a realidade tal qual ela se apresentava. Era dramático de se ver. Horrendo, horripilante mesmo. Sem a fantasia das luzes e a hipnose provocada pela música de batida constante, sem as roupas mais ou menos extravagantes nem o êxtase causado pela bebida, as drogas e o sexo, eu assistia à realidade nua e crua, despida de qualquer venda carnal a me cobrir os olhos.

Senti o estômago do meu corpo espiritual revolvendo-se. Vomitei. À medida que vomitava alguma coisa viscosa, de cor acinzentada, nojenta, Tony me conduzia para fora daquele ambiente, a fim de que eu respirasse ar puro. Comparada ao interior daquelas dependências, a avenida mais movimentada tinha o ar de um bosque.

— Nunca poderia imaginar que teria esta reação — afirmei. — Ora bolas, vomitar depois de morto também é normal?

— Fique tranquilo — respondeu Tony, transmitindo-me calma. — Seu corpo espiritual expulsa de si os últimos resquícios de matéria astral tóxica, adquiridos em ambientes similares; é apenas isso que ocorre. Em última análise, é uma forma de limpeza energética.

Ao recompor-me daquela sensação estranha, meus pensamentos retornaram às cenas que acabara de presenciar, como espírito. Uma angústia cruel ameaçava tomar conta de mim. Meu passado vinha à tona com força total.

— Cuidado, meu amigo — alertou-me Tony. — Domine seus pensamentos e se esforce para reorganizar suas emoções. As entidades que acompanham os encarnados impregnam o ambiente de vibrações tão densas quanto sensuais. É difícil resistir-lhes ao assédio mental e ao envolvimento emocional, o que exige bastante determinação de nossa parte. Procure respirar.

Após breve instante, senti-me mais reconfortado e fortalecido. Tony continuou:

— O amor carnal é ainda, com seus prazeres, um dos mais irresistíveis anseios da humanidade. A música, as luzes, o brilho e a fumaça do ambiente compõem uma atmosfera repleta de certa magia, segundo o ponto de vista dos encarnados, que dispersa qualquer sentimento ou propensão mais elevada. As boates são construídas e elaboradas com esse objetivo em mente. Caso não se procure sair imediatamente de tal lugar, sucumbe-se logo ao império dos sentidos e das emoções. Torna-se difícil escapar às sensações mais grosseiras. A energia sensual emanada nesses ambientes assemelha-se ao forte magnetismo de um ímã ao atrair as limalhas de ferro. Só que, nesse caso, as limalhas correspondem às vibrações mais densas e às entidades que têm afinidade com elas.

As palavras e as explicações de Tony marcaram-me profundamente. Agora compreendia o que ele queria dizer ao se referir à minha necessidade de enfrentar certas situações. Eu precisava encarar minha realidade íntima sem disfarces, sem mascará-la, pois era fruto do modelo de vida que elegi para mim. Descobri que eu, que nunca tive papas na língua, que sempre falei e fiz o que dava na telha e pouco me importei com a imagem que os outros faziam de mim, usei a máscara da franqueza e, atrás dela, escondi-me de mim mesmo. Interpretando o papel do sujeito mais escrachado e escancarado, fugi dos meus medos e dramas mais profundos. "Minha vida é um livro aberto", eu dissera certa ocasião. Para os outros, apenas para os outros.

Tony prosseguiu examinando o tema de nossa excursão:

— O sexo, mesmo entre pessoas de mesma polaridade energética, não está restrito à periferia do corpo físico. Sexo é alma e, em sua dimensão original, sublime, está muito mais no próprio espírito do que em seus corpos de manifestação. Tanto quanto o amor, o mais nobre dos sentimentos, a sexualidade está na mente, espelho da alma. O corpo físico e o perispírito, ou seja, o corpo espiritual, apenas refletem a vibração sensual, sexual ou amorosa do ser. Não importa a forma de amar. O importante, meu amigo, é amar. Contudo, quando o amor é confundido com sensações grosseiras e encontra respaldo em comportamentos desregrados, desmedidos e inconsequentes, o espírito encarnado ou desencarnado estaciona e descamba para os despenhadeiros do vício e da perdição.

— Você sabe — expliquei-me. — Em minhas experiências na carne, vivenciei diversas coisas como as que vimos hoje.

— Eu sei, eu sei, meu amigo. Ninguém lhe cobra títulos de santidade, e não é necessário de modo algum que você busque justificar-se. Ainda mais para quem! Não sou diferente de você, não se iluda. Não sou o anjo da visão daqueles companheiros lá da Candelária. Viemos aqui nesta noite tão somente para que você pudesse ver por si próprio as tempestades de emoções e desejos de ambientes como esse. Talvez, se eu apenas lhe dissesse, nem me acreditaria e, certamente, não teria o mesmo impacto.

— Com toda a certeza, a lição foi bastante proveitosa.

— Lembre-se: sexualidade sadia é portal de aperfeiçoamento e evolução.

— O que dizer, então, das pessoas que se deixam arrastar para ambientes com intensa energia erótica ou se entregam aos prazeres sensoriais desgovernados?

— A sexualidade, quando perturbada, arroja o ser para faixas inferiores da vida. Tais pessoas, que se deixam dominar pelos excessos e perturbações de suas energias sexuais, não cometem crime algum. No entanto, aqueles que assim se comportam ligam-se a energias desgovernadas e às companhias espirituais de seus parceiros. Dessa forma, sujeitam-se a longos processos obsessivos. Quanto mais dão vazão a todo tipo de extravasamento descontrolado da libido, o qual costuma traduzir-se em promiscuidade, mais são submetidos a impactos espirituais de grandes proporções. É uma violência. Regularmente, passam a entrar em contato com vibrações tão variadas e funestas, com entidades tão diversas e viciadas que, em casos mais graves e duradouros, apresentam a tendência de ter a individualidade descaracterizada. O eu fica perdido em meio a tantos parceiros, conluios espirituais e formas-pensamento desvitalizantes.

Jamais poderia supor que o sexo tivesse tantas e tão profundas implicações. Ao se contestar o moralismo estéril e hipócrita, deve-se ter cuidado com os limites opostos. É fácil enredar-se nas teias do excesso, agora constatava. Tony prosseguia, dando-me tempo para absorver suas palavras:

— A energia sexual do ser sofre desgaste ao longo do tempo, e, progressivamente, esse desperdício de energias vitais acaba enfraquecendo o corpo e a mente. Excitada pela enorme quantidade de imagens sexuais, a mente vibra intensamente, reproduzindo no corpo e no campo vital o ritmo da sobrecarga sexual. A vida pede reeducação, e não simplesmente abstenção. Cada qual, de posse da forma de manifestação do seu amor ou da sua energia sexual, é responsável pelo uso ou abuso que fizer desses elementos. Compete a cada um dar direcionamento superior à divina faculdade que lhe foi concedida, a sexualidade, assim como ao divino patrimônio que lhe foi confiado: os corpos, a mente e certa cota de vitalidade.

As lições daquela noitada diferente, que vivenciei nas mesmas ruas de outrora, seja no Leblon, em Botafogo ou na Candelária, talvez fossem as mais proveitosas e aquelas que mais forte repercutiram em minha intimidade. Vi o desfile de garotos e garotas, meninos e meninas que tinham alguma coisa que os aproximava das minhas experiências do passado. Mesmo com toda a ajuda de Tony, sentia-me profundamente abalado. Mas, em compensação, intimamente modificado.

Como era bom ter para onde voltar; um lar em que pudesse me retemperar e sedimentar as novas lições. Vai ver, vem daí o nome: Santuário de Frei Luiz.

QUE DROGA DE DROGA
CAPÍTULO 10

RETORNAMOS ao Lar de Frei Luiz. Eu me sentia mais aliviado ao adentrar o Santuário, um local que se tornara especial para mim, num recanto de Jacarepaguá. Ali havia encontrado abrigo, encorajamento para iniciar meu processo de reeducação; ali recebia tratamento espiritual, antes de demandar outras atividades. Isto é, eu não havia "subido" para planos mais altos, ascendido à espiritualidade ou coisa assim. Localizava-me na dimensão astral, em região bem ligada à Crosta e aos encarnados, internado em um lar que representava um hospital espiritual.

As questões relativas ao sexo e as experiências recentes ainda abalavam-me profundamente. Recordava-me de tudo o que vivera, e era inevitável contrastar minhas memórias com aquilo que encontrara depois da morte, notadamente o que presenciei na excursão com Tony. De forma chocante, esse episódio expôs minha intimidade por completo — não havia mais como mascarar as questões íntimas; percebera que somente com o tempo enfrentaria a mim mesmo nessas graves dificuldades. Após o ligeiro passeio, comecei a imaginar a repercussão da problemática sexual em toda a humanidade, nos dois lados da vida. Conscientizar-me de tal realidade despertava em meu ser grande preocupação e colocava o sexo no centro dos maiores problemas da humanidade. Aliás, não exatamente o sexo. Como chegara à conclusão, o sexo, em si mesmo, não constituía o problema real, mas sim aquilo que fazemos de nossas energias sexuais: é isso que define a extensão e o grau de responsabilidade de cada um.

Adentrei o lar espiritual e me recolhi em prece. Acredito que nem eu nem ninguém que um dia me houvesse conhecido poderia sequer imaginar a cena e a possibilidade de me ver rezando. Até eu mesmo duvidava do que via. Mas eu juro: foi exatamente o que fiz.

Tony aproximou-se de mim na companhia

de Frei Luiz; silenciosamente me chamaram para acompanhá-los. Entramos em determinado recinto da construção espiritual, e deparei com enorme quantidade de leitos, sobre os quais vários espíritos permaneciam. Uns aparentavam dormir, apenas. A maioria, contudo, refletia na própria face o pesadelo íntimo de que era vítima. Certo rapaz, deitado em um dos leitos, parecia vomitar sem parar; porém, apesar de toda a força que fazia, nada saía de sua boca. Sua face era de rara beleza; em contrapartida, suas feições refletiam desgaste, abatimento, e seu olhar mostrava-se perdido em algum lugar.

— Este — falou Frei Luiz — está perdido em meio às próprias alucinações. Olhei mais adiante e pude ver outro espírito, com a aparência de um jovem de pouco mais de 20 anos de idade. Estava encolhido entre lençóis e gemia sem parar. Seus olhos pareciam vitrificados, paralisados a tal ponto que exprimiam imbecilidade.

— Esta ala do nosso pronto-socorro espiritual está reservada àqueles que desencarnaram em decorrência direta ou indireta do uso de drogas. Quanto a este jovem — prosseguiu Frei Luiz —, perdeu-se no abuso total. Preso à ilusão de viajar sob o império das substâncias alucinógenas, dele tornou-se súdito, e a ele sucumbiu.

O olhar do rapaz perdia-se em mundos imaginários; inimagináveis.

— Faz séculos que ele vaga, de país em país, de encarnação em encarnação, na maioria delas fazendo uso de entorpecentes e diversas outras drogas. Desgastou a tal ponto as reservas de vitalidade de seu último corpo físico, que o corpo espiritual também se ressente gravemente.

O garoto desencarnado parecia estar completamente alheio aos comentários de Frei Luiz. Por certo não lhe registrava as palavras, em razão do diminuto grau de consciência que tinha da realidade a seu redor.

— Quer perceber o que se passa em sua intimidade? — perguntou-me o mentor, bondosamente.

— De forma alguma. Creio que, por hoje, já tenha recebido cota suficiente de verdades. Como já vivenciei inúmeras situações envolvido com as drogas, temo que essas recordações me venham à tona e eu não consiga administrar todo o conteúdo evocado.

— Sábia decisão, meu rapaz! — comemorou Frei Luiz. — Como vê, você obteve a permissão de reavaliar sua conduta em contato com espíritos cujo passado guarda certas semelhanças com sua vida. Aproveite a oportunidade!

Outro espírito se contorcia todo, num pesadelo que parecia não ter fim. Frei Luiz e Tony se acercaram dele, tocando-lhe a cabeça carinhosamente. Vi que o cérebro espiritual do rapaz iluminou-se por completo. Ficara transparente. Havia um tumulto de energias, como se filamentos elétricos soltassem faíscas dentro de sua cabeça. A cada uma das sucessivas descargas elétricas que o córtex cerebral parecia receber, o espírito estremecia todo, devido à repercussão do fato nas células de seu corpo espiritual.

— Nosso irmão é igualmente acometido por pesadelos e alucinações. Comprometeu sobremaneira tanto o corpo físico quanto o perispírito no uso indiscriminado de drogas. Atravessa um longo período de alienação mental.

A cena era deprimente. Frei Luiz prosseguiu dando explicações, convidando-me, com um gesto, a caminhar pelo pavilhão.

— O corpo espiritual é construção divina, de altíssima potência eletromagnética e, por isso mesmo, ultrassensível. Há forças que fazem parte do corpo e do cérebro perispirituais para as quais não encontramos, no vocabulário humano, palavras capazes de descrevê-las. As drogas, usadas indiscriminadamente por muitos habitantes do planeta, ocasionam o desperdício de tais forças, afetam seriamente a tessitura perispiritual e estabelecem assim o caos íntimo. Somente através dos séculos é que tais energias se reorganizarão. Insistindo no uso reincidente e prolongado das substâncias tóxicas, o ser evolui para um estado semelhante à inconsciência, povoado apenas por pesadelos e imagens desconexas.

Não sabia o que dizer diante da situação daqueles espíritos. Tudo o que observava repercutia em meu interior, e, de resto, a minha própria consciência se incumbia de me cobrar. Lembrava penosamente minhas experiências e meus excessos; algumas vezes, chegava a ficar deprimido ante aquelas recordações. A maconha, a cocaína, o LSD e outras drogas haviam sido companheiros de meus divertimentos. Acredito que, no meu caso, a morte se encarregou de colocar um ponto final em minha dependência, antes que eu me danasse por completo. Abençoei a morte e o HIV.

Outros casos surgiam para minha observação. Visitei naqueles leitos muitos espíritos. Enquanto isso, enfermeiros e médicos espirituais auxiliavam no amparo aos desencarnados que haviam se envolvido com entorpecentes.

De repente, em meio a todas aquelas almas

em recuperação, Tony me despertou a atenção. Por alguns instantes, julguei conhecê-lo de algum lugar, como se já tivesse visto sua figura ou estado com ele quando encarnado. Frei Luiz, no entanto, desviou-me a atenção.

A quantidade de enfermos espirituais era enorme, e as histórias que envolviam cada um dos que pude acompanhar mais de perto me proporcionaram reflexões profundas. Esse foi o meio escolhido pelos dirigentes espirituais do Santuário para me fazer pensar nas próprias atitudes de outros tempos.

Notei que a maioria daqueles espíritos que haviam se envolvido com drogas apresentava-se com a aparência de doentes mentais. Fiquei imaginando o efeito do uso de drogas no corpo espiritual.

— O uso de entorpecentes, sejam eles maconha, cocaína, heroína ou outros — informou-me Frei Luiz —, atinge o cérebro físico e o perispiritual. As estruturas do corpo espiritual são profundamente afetadas, pois as descargas magnéticas de grande toxicidade que se despejam sobre as células sutis prejudicam o equilíbrio da mente. Tanto no corpo físico quanto no astral, a repercussão é muito intensa e profunda. Atingem o cérebro, o sistema nervoso e também a área sexual, pois não ignoramos que a região genésica, com suas funções, representa poderoso dínamo de forças a serviço da alma.

Após cuidar de mais alguns doentes do espírito, Frei Luiz acrescentou:

— Estes irmãos com desequilíbrio profundo em suas matrizes espirituais renascerão na Terra em complicadas condições físicas e com grande prejuízo na região encefálica. Os pesquisadores e médicos da Terra, ao analisarem alguns desses casos, provavelmente os associarão à hereditariedade ou a alguma influência do comportamento dos pais durante a gestação. E é até compreensível que espíritos com determinadas necessidades de resgate e reeducação retornem compondo determinado grupo familiar, sintonizado com tais deficiências. Ou seja, são seres do mesmo tipo espiritual, que trazem a mesma necessidade de reajuste. Mas, por trás de diversas enfermidades ou limitações do corpo físico, principalmente do sistema cérebro-espinhal, jaz o abuso de drogas e do sexo descompromissado, que repercute na atualidade destes nossos irmãos.

As explicações do mentor espiritual pareciam ressoar por dentro de mim. Meu passado parecia se estampar nas figuras de cada espírito que eu visitava. No íntimo, passei a avaliar com novos olhos a ação do HIV sobre meu antigo corpo físico e fiquei a imaginar se aquilo tudo que atravessei não teria sido manifestação da própria misericórdia de Deus em relação a mim. A aids representou certamente um sofrimento muito grande; mas, sem ela, até onde eu iria em meus exageros e excessos?

A visão daqueles seres imbecilizados pelo uso das drogas e a lembrança dos outros espíritos enlouquecidos pelo abuso do sexo, observados durante a excursão em companhia de Tony: tudo isso me proporcionava forte material para pensar. Sob essa nova ótica espiritual que se desenhava em meu panorama interior, fui forçado a concluir: a morte foi a minha salvação.

DEZ MIL ANOS EM UMA HORA
CAPÍTULO 11

ALGO ME INCOMODAVA profundamente, e eu ainda não sabia externar direito o que se passava no meu íntimo. Estudei certo número de casos de envolvimento de espíritos com questões relativas à sexualidade e outros que se ligaram às drogas. Em todos eles, pude notar um fator comum: os indivíduos que protagonizaram aqueles dramas e histórias traziam o corpo espiritual sensivelmente afetado, bem como o psiquismo seriamente abalado, em virtude do que experimentaram. Carregavam em si mesmos, sem exceção, profundas marcas de sua própria trajetória, que se manifestavam em sérios desequilíbrios do corpo e da mente espirituais. As dificuldades íntimas decorrentes dos abusos cometidos durante a vida física eram patentes, e, sinceramente, não havia o que questionar a respeito da situação psicológica desses seres. A relação causa e consequência era claríssima: seu comportamento pretérito determinara a situação em que se encontravam.

Sendo assim, eu me consumia com a pergunta que não saía da minha cabeça: e quanto a mim? Por que eu não era um daqueles espíritos, deitados sobre as macas? Por que eu mesmo não estava internado no hospital do Santuário?

É certo que passei momentos íntimos bastante complicados após me reconhecer morto ou desencarnado, mas também eu abusara de muitas coisas em igual proporção quando na Terra. Alguma coisa parecia não estar funcionando comigo de acordo com o que ocorria com todos aqueles espíritos em tratamento. Afinal, minha vida, considerada sob a perspectiva espiritual, não fora grande coisa. Além disso, reconheço que exagerei mesmo, em todos os sentidos: sexo sem limite, drogas de todo tipo, relacionamentos e brigas, palavras, palavrões e muito mais.

Tais pensamentos pareciam se inflamar dentro do meu cérebro de morto quando Tony apareceu novamente no cenário de minha vida desencarnada. Ele vinha acompanhado de alguém que não podia esconder sua identidade. Um espírito que fora conhecido na Terra tanto por sua música quanto pelo seu jeito caricatural, "alternativo", um tanto chocante, e seu envolvimento com questões muito semelhantes às minhas. Guardadas as devidas proporções, tinha a impressão de que ele era um espírito velho, experiente tanto nos erros como nos acertos. Ele mesmo afirmava essa realidade, sorrindo:

— Eu nasci há dez mil anos atrás...

Era incrível poder encontrá-lo.

— Caramba! Veja quem está por aqui! — exclamei alegre, mas com exagero, em minha forma de expressão. Em termos de exagero, inclusive, eu era campeão. Não exigia nenhum esforço de minha parte, era natural para meu espírito o comportamento efusivo, espalhafatoso, extrovertido. Levando-se em conta os padrões do local onde me encontrava, diria quase escandaloso. Tony explicou:

— Pois é. Acho que seus pensamentos turbulentos se externaram tão intensamente que Frei Luiz me pediu para trazer até você um antigo conhecido de jornada terrestre. Alguém que fazia um *rock* especial, como sabe.

— Então você se encontra por aqui, refletindo um pouco sobre esta vidinha de desencarnado? — cumprimentou-me o espírito.

— A morte me pegou de vez. Putz! Não tive como driblar a danada — respondi, abraçando o espírito daquele que fora famoso no mundo da música brasileira. — Mas, agora, já que não posso morrer outra vez, só me restam esses momentos de reflexão antes de começar a trabalhar por aqui.

Tony, que servira apenas como elo entre nós, retirou-se discretamente, deixando-nos a sós.

— Trabalho é o que não falta do lado de cá da vida — tornou a comentar o espírito amigo. — Porém, cara, a fama é algo difícil de transferir da Terra para este lado do véu da vida.

— Já deu pra notar isso — falei. — Parece que por aqui o que conta são os talentos e essas coisas que a gente julgava caretérrimas quando respirava entre os chamados vivos.

— E você já notou como esse pessoal do lado de cá é totalmente viciado em trabalho? — disse o espírito com muito humor. — E depois somos nós que não temos limite! Esses espíritos parecem desconhecer o ditado da Terra que diz que, quando a gente morre, merece o descanso eterno…

Demos gostosas gargalhadas ante os comentários do roqueiro mais velho da Terra, satirizando a situação em que nos encontrávamos. Avaliei que, para quem viu a arca de Noé cruzando os mares, até que ele estava bem conservado. Acho que os espíritos do lado de cá da vida descobriram algum tipo de formol espiritual ou — quem sabe? — um cirurgião plástico de corpos espirituais.

Descontraídos, rimo-nos novamente, desta vez dos meus pensamentos. Tivemos momentos interessantes e alegres em nosso encontro, contudo, ainda assim, eu não podia disfarçar a natureza de minhas reflexões.

— Menino, preste atenção — falou-me o ex-roqueiro, com tom mais sério. — Você parece estar envelhecendo do lado de cá ou ficando neurótico. Não se deixe perturbar tanto assim com seus pensamentos sobre como as coisas deveriam ser!

— Não é perturbação, não! — rebati, levando a sério meus problemas.

— Pois bem. Quando você estava aqui, relacionando suas observações com o estilo de vida que levou, os responsáveis por este lar espiritual me convidaram a passar por aqui e conversar um pouco com você.

— Já sei, é a tal lei dos semelhantes...

— Exatamente. Encontramos maior facilidade de nos entender com aqueles que viveram situações semelhantes às nossas. Por isso, estou aqui.

E assim o roqueiro iniciou a conversa que, para mim, representou uma luz em meio aos meus pensamentos. Continuou:

— Acho que você não ignora que passou por momentos de emoções muito intensas e situações íntimas marcantes ao extremo, que o fizeram sofrer do lado de cá.

— Sim, mas quando examino os espíritos que se envolveram com drogas, sexo e tudo o mais e que estão internados aqui, no Santuário, parece-me que seu sofrimento é proporcional ao mal que causaram a si mesmos. Já comigo...

— O quê? Com você não foi assim? — interrompeume ele. — Durante o tempo em que se sentiu desamparado e sozinho, logo após o desencarne, porventura não teve de enfrentar seus temores, fantasmas íntimos e angústias? Será que você quer mais?

— É... Acho que foi meu momento de inferno mental — respondi. — Tudo o que eu mais temia era a solidão, a rejeição. Creio que minha mente forjou tudo ao meu redor.

— Na verdade, você descobrirá, não foi ao seu redor. A situação foi muito mais interna do que externa. Em certo sentido, você viveu pesadelos no estilo daqueles que ora os internos do hospital vivem; para eles, as alucinações são a pura realidade. Além disso, o que ocorre, amigo, é que lá, na Terra, costumamos inventar que, para cada erro ou "pecado" cometido, há que se permanecer determinado tempo expiando, "pagando" do lado de cá. Alguns religiosos, por exemplo, que se julgam mais avançados em seus estudos e observações, eliminaram o tal inferno, criado pela mente dos homens, mas criaram, em contrapartida, um lugar chamado umbral. Entretanto, para muitos deles, a situação e o ambiente umbralino são cópias fiéis do mesmo inferno dantesco de sempre; só muda o nome! Ora, faça-me o favor. Desejam que quem viveu sem observar certos padrões de conduta — que tais religiosos preestabeleceram em suas interpretações — amargue dores indescritíveis do lado de cá, por tempo indeterminado.

— É, acho que nós mesmos adquirimos esse hábito de autopunição. É como se tivéssemos que pagar uma penitência, cumprir determinada pena para merecermos, de novo, a liberdade.

— O que não é verdade, de modo algum. Usando a sua própria analogia, o bandido pode cumprir a pena e sair da cadeia sem ter aprendido a lição, sem ter havido transformação ou reeducação.

— É, faz muito sentido. Então, no meu caso, é tudo culpa? Eu inventei a fórmula da culpa e não paro mais de produzi-la? — apelei, em tom meio jocoso, incomodado com minhas próprias conclusões.

— Calma, menino. Responda você mesmo. Vamos pensar um pouco sobre a consciência pesada. Esse sim, um inferno do qual precisamos nos libertar intimamente. Além de tudo o que você atravessou após a grande viagem, não pode deixar de considerar o tempo de angústias e agonias que passou ainda encarnado, quando soube que era portador do vírus HIV e teve aids.

— Nem quero me lembrar disso agora…

— Mas é preciso considerar essa realidade. Ainda encarnado, você e sua família viveram momentos intensos, e tenho certeza de que toda a sua ânsia e os sofrimentos anteriores a seu regresso para o lado de cá atuaram diminuindo o tempo difícil que passou por aqui.

— Eu não havia considerado isso em minhas reflexões — sentenciei.

— E veja mais — continuou a falar o espírito. — Nenhum de nós dois está em uma situação que nos isente de trabalhos árduos em nossa intimidade, em nosso eu.

— Bem sei disso — respondi novamente. — Inclusive, não sei se você sabe (apesar de que todo mundo parece saber), fui convidado a solucionar minhas dificuldades íntimas trabalhando para auxiliar outros espíritos.

— Não somente você, como muitos outros espíritos ligados às diversas áreas da arte. Tenho notícias de que, do lado de cá da vida, muitos pintores e escultores, artistas plásticos em geral, são convidados a retornar à Terra através da mediunidade, apesar de seus problemas e desequilíbrios íntimos.

— Então o convite não é somente para nós, que estivemos ligados à música?

— Claro que não! Afinal, existe oportunidade para todos aqui. Como disse antes, trabalho é o que não falta do lado de cá. Espíritos de artistas plásticos que reconhecidamente faliram durante suas experiências no corpo retornam para trabalhar, sob orientação espiritual superior. Através da mediunidade, pintam, esculpem, desenham, exercem as habilidades desenvolvidas para produzir beleza. Significa dizer que a lei suprema ignora seus desacertos? Pelo contrário. Ocorre que, ao dedicarem suas energias e seus esforços a instituições filantrópicas, o próprio trabalho realizado se transforma em excelente terapia. Exaltam o belo e o eterno bem com equilíbrio e nobreza, altruísmo e generosidade, encontrando assim novo estímulo interior. No contato com as dificuldades, encontradas tanto no processo mediúnico quanto no convívio com a equipe de encarnados, tais espíritos, outrora famosos ou que atingiram grande projeção na Terra, agora se reeducam intimamente, auxiliando outros. Diminuem as exigências, simplificam seu trabalho, transformam cores e tintas em pães e alimentos para os necessitados.

— Não entendi bem sua última observação.

— É que tais espíritos, tais como Modigliani, Toulouse-Lautrec, Portinari e tantos outros, doam os trabalhos produzidos a instituições filantrópicas. Durante o processo mediúnico são obrigados a conviver com as limitações naturais de seus médiuns e, dessa forma, trabalham o orgulho, a vaidade e as demais questões íntimas que pedem reeducação. Têm grande desafio a superar ao constatarem que, por mais que seus instrumentos mediúnicos se dediquem, o resultado de seu investimento, ainda assim, será muito inferior à produção e à qualidade que obtinham quando encarnados. Entretanto, as instituições que recebem as esculturas e telas pintadas, fruto de uma parceria espiritual, comercializam tais obras mediúnicas para sustentar suas atividades de auxílio aos necessitados. Cada um dá o melhor que possui, e o resultado é a soma de todos os talentos.

— Cara! Então esse negócio de ajudar os outros funciona mesmo!

— É a consciência global. Caminhamos todos para a promoção e conquista dessa consciência universal. A equação é simples: ajudando, somos mais ajudados.

— Isso vale também para o nosso caso, que estivemos ligados à música?

— Vale para todos os casos. No nosso, em particular, contribuímos para a sensibilização de espíritos que estão em zonas de sofrimento. O processo e o envolvimento com esse tipo de auxílio espiritual provocam em nós reflexões profundas e muito saudáveis. Por nossa vez, encontramos no trabalho em benefício do próximo, encarnado ou desencarnado, poderosa ferramenta terapêutica, que nos auxilia no enfrentamento de nossas próprias dificuldades.

— Fico aqui imaginando — falei para o amigo roqueiro. — Quando a maioria dos espíritos do lado de cá, em vez de se lamentarem e sofrerem pelos males e excessos cometidos, se conscientizarem do poder que há em unir-se em trabalhos semelhantes, onde iremos parar?

— É, meu amigo, menino do Rio, a Terra estará então transformada. Em vez de autopunições, investimento em tarefas de auxílio e amparo mútuo. Veja, desde agora, o que já tem sido feito na Terra, em seu próprio nome.

— Como assim? Não entendi o que você quis dizer — eu não fazia ideia do que ele falava.

— Então você não sabe? Puxa, acho que me adiantei pra você.

Nesse momento, interrompendo nosso precioso diálogo de roqueiros desencarnados, Tony voltou, convidando-nos a uma pequena excursão espiritual.

Fiquei com mais um incômodo em meus pensamentos. A que o amigo se referia, com sua observação a respeito do que realizavam na Terra em meu nome? Uma surpresa me era reservada ao espírito em recuperação.

RENASCENDO PARA A VIDA
CAPÍTULO 12

A EMOÇÃO FOI muita intensa. Tony me convidou para visitar alguns amigos ditos encarnados. Até que enfim eu teria a oportunidade de rever pessoas com as quais convivi. Ah! Que saudade de certos amigos. Apesar de desejar ardentemente vê-los em determinados momentos, temia por minhas reações. Será que eu estava preparado? Muitos companheiros de farras e noitadas haviam sumido; em meus últimos dias, restaram só os amigos de verdade. E, aí, era natural associar a visão de cada um deles às dores, ao incômodo, à rotina trabalhosa da época da doença. Tinha medo da tristeza se apoderar de mim ou de a culpa me jogar na parede, esfregando em minha cara: "Foi você o único responsável por todo o sofrimento impingido àqueles mais caros ao seu coração". Seria verdade?

Não tinha arrependimento, eu creio, era só uma vontade de fazer de novo; diferente, se Deus me desse forças. Curtir o que eu curti, cantar o que cantei, fazer da vida a poesia que fiz, mas sem precisar me entregar a tanto de uma só vez, àquelas sensações tão intensas — só para me sentir vivo, talvez. O HIV certamente me fizera sentir-me vivo, pois via a vida se esvair dia a dia. Porém, percebia-me agora ainda mais vivo, mesmo além da morte. Sem a bebida, sem tantos porres e chapações, sem tantas caras e bocas diferentes — quem sabe? — poderia não ter encontrado toda aquela solidão ao atracar no porto vivo da morte.

Afinal, eu havia compreendido: meu drama era estar sozinho, mesmo em meio à multidão; era entregar-me a um e outro, a uma viagem seguida de outra, na ânsia de preencher meu vazio. Contudo, ele se tornava abismo ainda maior quando a euforia ou a embriaguez passavam. Agora, eu sabia, era hora de ir além das sensações e dar de cara com meu sentimento.

Porém, eu não esperava, pelo menos naquela ocasião, rever alguém tão especial como minha mãe. Sabia que as coisas *do Além* eram realizadas com cautela e prudência, valores que eu aprendera a respeitar. Nada de exageros, tudo a seu tempo. Pois foi justamente para me contrariar — só pode ser! — e para minha agradável surpresa, passado o susto, que se deu exatamente aquele encontro, o maior de todos.

Amparado por Tony e pelo amigo recente, o roqueiro do Além, pude contemplar de perto os olhos daquela que tantas coisas suportou, que padecera tantos exageros meus, que vivera à margem de mim, amando demais, protegendo ainda mais.

— Mamãe!

Foi o máximo que pude dizer antes que lágrimas e antigas lembranças viessem à tona. Imagens, paisagens e sonhos irromperam de dentro de mim como águas de uma cachoeira. Eu me derretia todo diante da figura de minha mãe. Os passeios à praia nas manhãs e tardes ensolaradas de verão; o apoio sempre presente em minhas decisões, que nem sempre eram como as suas; a alegria de me ver pela primeira vez nos palcos do Rio de Janeiro — essas e tantas memórias me vinham à cabeça.

Nada é um mar de rosas; muito pelo contrário. Mas é interessante a capacidade humana, ou talvez a tendência inata, de guardar em lugar privilegiado as coisas boas do passado. Sim, estou convencido de que, sem nos deixar seduzir pela amargura, todos temos a possibilidade de nos fixar em algo bom: sorriso, carinho, olhar... Episódios simples, presentes na vida de cada um, que dizem mais que mil palavras e permanecem como farol em mais de um milhão de madrugadas incertas pelas avenidas da vida, ou da vida além da morte. Era naquelas recordações positivas que me vinham à mente que eu me agarrava com firmeza, na esperança de revivê-las e aproveitar delas tudo o que deixei passar. Não pretendo aqui entrar em detalhes a respeito de minha mãe e de tudo que fez por mim desde a infância até os últimos dias de minha existência física. Guardo para mim tais momentos de extrema sensibilidade e de marcante euforia emocional. Como não sou escritor e trago este relato apenas porque sou auxiliado por outros espíritos, prefiro resumir o reencontro mais aguardado, e também tão temido, com a grande mulher da minha vida.

Ao ver minha mãe e alguns amigos reunidos, vieram à minha memória as imagens dos dias da juventude, da infância, além daqueles encontros tão deliciosos na casa de meus pais, como ocorria naquele mesmo instante. A arte e a música sempre estiveram presentes nas experiências de minha vida, e minha casa sempre fora um ponto de encontro de artistas, produtores e músicos brasileiros. Ali, naquele ambiente tão familiar, que suscitava tantas memórias, deixei que as barreiras emocionais ruíssem e me senti novamente como uma criança, necessitado de colo e carinho.

Os amigos discutiam a possibilidade de realizarem um trabalho social no qual pudessem, de alguma forma, amparar as pessoas que passavam por experiências com enfermidades graves. Vi os esforços de minha mãe, e mesmo dos amigos, com o objetivo de associar minha imagem ao trabalho nascente.

— De alguma maneira — principiou Tony — um bom trabalho está sendo realizado na Terra, relembrando seus valores.

— Que valores? — indaguei, surpreso, estupefato; irônico mesmo.— Você sabe muito bem como vivi no mundo.

— Ora, todos temos nossos valores. Não seja tão duro consigo mesmo! Onde está o poeta que sempre atravessou com humor os momentos mais difíceis e soube transformar em música os dramas mais inquietantes?

— Acho que está de férias... — rebati, para

me descontrair no momento de repreensão, meio cabisbaixo.

— Não faça isso — argumentou Tony, carinhoso e persuasivo como só ele sabia ser. — Jamais vire as costas para a beleza produzida por você. Se os espíritos que nos orientam reconhecem o valor de sua música, quem é você para menosprezar ou depreciar sua obra? Prova disso é que eles o convidaram para continuar cantando e, com seu trabalho, despertar a consciência das almas ainda prisioneiras do astral inferior.

Engoli seco, desconcertado. Ele tinha razão: se eu queria aprender espiritualidade, era melhor começar a aprender a valorizar as coisas boas que havia feito.

Após uma pausa breve, em que certamente acompanhou a modificação de meu panorama mental, Tony continuou:

— São valores seus a sua música, que arrebatava e ainda hoje inspira milhares de jovens; seu jeito descompromissado de viver, mas profundamente comprometido com o que acreditava. Agora, após sua partida da Terra, seus valores se traduzem na reunião de familiares e amigos em torno de sua memória. Há algum tempo, realizam uma tarefa benemérita em seu nome. Tudo isso, temos de convir, pesa positivamente na sua *contabilidade* espiritual.

— Mas, se eles estão fazendo alguma coisa boa por aí, isso não se deve a mim. Nem sabia que minha mãe e alguns amigos estavam envolvidos em projetos sociais semelhantes a este que vejo — defendi sinceramente.

— Contudo, não deve ignorar, companheiro, que foi após a sua morte ou desencarne que eles se movimentaram de modo mais efetivo em prol de tais realizações. Querendo ou não, você foi o grande inspirador ou mentor desses projetos.

Tony, que não perdia uma brincadeira, não podia deixar de zombar de si mesmo e de mim:

— Mentor: que chique essa, não? Único caso nos anais da história espiritual: direto do umbral para o posto de mentor!

Rimos da palhaçada de Tony, que deve ter tido o objetivo de aliviar a atmosfera séria do momento, descontraindo-me. Ele fazia isso como ninguém em minha nova vida de morto, desencarnado.

Porém, eu não conseguia entender, em sua totalidade, as observações do amigo espiritual. Estava muito emocionado para digerir tudo aquilo. As impressões que nos atingem como espíritos nos influenciam muito mais intensamente do que quando encarnados; devido a essa sensibilidade tão vibrante de nossas almas, somos levados a modificar muitos de nossos antigos pontos de vista.

— Ah! Como eu desejava que me vissem agora... Gostaria que soubessem como estou melhor e vivo.

— Não se preocupe, amigo. Você permanece vivo nos corações de todos os seus amigos. Às vezes, algumas marcas que deixamos no mundo gostaríamos de apagá-las. Mas, caso isso fosse possível ou permitido, não mais seríamos nós mesmos. Nossa trajetória é o que é, exatamente com todos os fatores e os tantos aspectos que compõem nossa individualidade.

— Por outro lado, também deixamos marcas ao longo de nossa caminhada no mundo e, principalmente, marcamos corações — falou agora o companheiro de vida artística.

Ainda emocionado, fui levado pelo amigo Tony a visitar algumas pessoas que conviviam de perto com o HIV. Presenciei seu sofrimento e também pude ver como muitas delas eram amparadas.

— Desde que você chegou do lado de cá — comentou Tony —, muitas pesquisas foram realizadas em torno do vírus letal. Hoje, muitos medicamentos auxiliam os portadores do HIV a manterem certa qualidade de vida, prolongando cada vez mais o tempo no corpo físico. Muitas associações e instituições foram fundadas com a inspiração direta do Alto; multiplicam-se na Terra, diariamente, os recursos em benefício dos que sofrem. Sem julgar quem quer que seja, os espíritos superiores prestam socorro a todos através daqueles que se prontificam a ajudar, entre os habitantes da Terra sensibilizados com a dor alheia. Organizações e entidades filantrópicas como esta que visitamos tendem a se espalhar pelo mundo, cada vez mais.

Ao ver as pessoas com seus dramas e dificuldades, em tudo similares ao que vivi, relembrei muitos detalhes de minhas experiências passadas. Apesar disso, algo que brotava bem dentro de mim fazia-me extremamente feliz, satisfeito mesmo, com a nova vida que levava. É que nunca, jamais, nenhum espírito com o qual convivi me fez qualquer pergunta, o que seria terrivelmente constrangedor, ou sequer mencionou algo a respeito de como eu contraíra o vírus HIV. Em instante algum me senti excluído ou segregado do lado de cá da vida, tampouco me vi questionado ou cobrado em virtude do meu comportamento no mundo. Se em algum momento me vi envergonhado desta ou daquela atitude, foi única e exclusivamente devido a minhas reflexões. O próprio fato de reencontrar velhos amigos e outros espíritos ligados à arte, à música de forma especial, fez-me rever muitas coisas em minha intimidade. Não encontrei dedo algum apontando meus defeitos, acusação nenhuma com relação a minhas ações, nem qualquer receita ou fórmula para minha nova ou pretensa vida de "bom moço" — que coisa mais careta seria isso! Pelo contrário, sempre encontrei o incentivo sincero para melhorar, sem hipocrisia nenhuma. O respeito incondicional ao ser humano, ao espírito imortal, era marca inquestionável daqueles que me receberam do lado de cá.

Ali, logo a minha frente, deparava com o incentivo maior e mais poderoso de todos: revia amigos e familiares e presenciava o que era feito no mundo — e em meu nome — para evitar sofrimentos desnecessários e diminuir tanto a dor física como a que provém do abandono, da discriminação.

— Quando nossa vida ou nosso sofrimento no mundo foi útil para inspirar outros a trilhar o caminho de trabalho em prol das causas nobres, do bem maior, podemos ter certeza — afirmava Tony —, isso é contabilizado em nosso benefício.

— Portanto, amigo do *rock*, trate de se decidir logo — falou agora o espírito de 10 mil anos. —

Pegue sua guitarra ou seu microfone e arranque de dentro de si a música e a poesia, pois o mundo não se esqueceu de você. Do lado de cá, meu rapaz, precisamos de você como instrumento do bem.

Espalmando a mão sobre meu ombro direito, completou o velho roqueiro, com o gesto típico de companheiros de jornada, batendo calorosamente em minhas costas:

— Vamos, cara! Vamos cantar a canção da vida eterna. Enxugue suas lágrimas e agradeça a Deus o fato de que na Terra, em seu próprio nome, muitos estão sendo amparados.

Realmente precisei enxugar as lágrimas de emoção, e, em seguida, nos preparamos para voltar ao nosso ponto de partida, o Santuário de Frei Luiz. De braços abertos nos aguardava o mentor daquele lar, o próprio Frei Luiz, para nos receber ao fim de mais aquela excursão de aprendizado e para me abraçar.

O breve encontro com a minha antiga turma, o olhar de minha mãe e os sentimentos decorrentes desse encontro calaram fundo dentro de mim.

Embora não houvesse compartilhado com ninguém certos pensamentos, confesso que muitas vezes julguei que na Terra, entre os que se achavam vivos, haviam todos se esquecido de mim. Ou, quando muito, lembravam-se de meus feitos descarados e minhas atitudes que despertavam indignação em muita gente. Jamais pensei que eu, com minha vida ou meu sofrimento nos últimos dias na carne, pudesse, de algum modo, inspirar alguém a fazer qualquer coisa em benefício de outros.

Sorrindo, Frei Luiz observou, incentivando-me, como sempre havia feito durante minha estada no Lar:

— Creio que agora você compreende como e por que motivo foi auxiliado da forma que foi, do lado de cá da vida. As pessoas que você ama e que ficaram na retaguarda (no mundo, como diz você), ao rememorarem sua figura, ou ainda quando auxiliam outras pessoas, inspiradas pelas suas experiências, enviam vibrações positivas ao seu espírito. Certa vez, meu filho, você me perguntou, numa conversa íntima, quem patrocinava seu acolhimento e sua estadia neste lar espiritual, quem havia intercedido em seu benefício do lado de cá da vida. Acredito que agora você mesmo é capaz de escutar a resposta a essa questão, que vem de dentro de você.

— Sim, e como posso! Aqueles que me amam são os responsáveis diretos pelo bem que me é concedido. Suas lembranças e orações transformaram-se em música, a música que me arrancou da culpa e me fez sentir que agora, a partir de hoje, sou mais um filho de Deus.

Foi naquele exato momento, junto a Frei Luiz e sua equipe espiritual, que tomei a decisão de, um dia, escrever algo a respeito de minhas experiências de imortal, ao aportar nesta margem do rio da vida. Na verdade, deveria ter algum cuidado com relação ao uso do meu antigo nome artístico, como me alertaram os companheiros mais experientes. No mais, evitando assim complicações para quem decidir publicar minhas palavras, escreverei, como faço agora. Não almejo agradar a ninguém, não desejo provar qualquer coisa. Não pretendo também, de modo algum, competir com este ou aquele espírito, nem mesmo com escritores encarnados. Quero, tão somente, registrar minhas experiências, vividas intensamente nesta dimensão da vida, com a intenção de que possam ser úteis para despertar ou sensibilizar alguém. Desejo é que as letras postas sobre o papel possam inspirar cada leitor a transformar sua vida em música, sua dor em canção ou, ainda, a fazer de suas atitudes poesia, que auxilie o mundo a ser cada vez melhor.

O *SHOW* DEVE CONTINUAR
CAPÍTULO 13

ESTAVA RADIANTE com a possibilidade de trabalhar novamente. Já mais recuperado e cheio de expectativas quanto ao futuro, dirigi-me ao palco que os espíritos improvisaram, numa região do astral à qual chamavam umbral.

Considerando o ambiente ao redor, não era nada semelhante às casas de *show* ou aos cenários dos programas de televisão aos quais estive acostumado. Nada semelhante. Estávamos em região astral tumultuada por pensamentos dos humanos encarnados e desencarnados. Contudo, o trabalho dos espíritos era algo maravilhoso de se ver. Luzes coloridas jorravam de holofotes invisíveis, projetando cores nunca antes observadas por mim. Equipes de espíritos iam e vinham, preparando-se para receber e socorrer aqueles que seriam sensibilizados pelas diversas expressões da arte.

Telas vivas eram elaboradas e pintadas na atmosfera acima de nós, criando imagens difíceis de descrever em palavras. Van Gogh, Picasso, Mondrian, Renoir e a glamorosa Tarsila do Amaral, além de muitos outros espíritos, estavam ali presentes. Através do pensamento, transformavam suas emoções em pincéis e tingiam, nos fluidos do ambiente astral, sua arte viva, em movimento, dando assim sua contribuição para a atividade que realizaríamos. A seguir, esculturas que pareciam vivas erguiam-se aqui e ali, enriquecendo a composição do ambiente que, aos poucos, era criado no astral. Rodin, Ataíde e Lisboa, o conhecido Aleijadinho, junto de outros espíritos, integravam as equipes espirituais, trazendo sua parcela de trabalho para a sensibilização das almas desajustadas, em sofrimento ou rebeldes, para as quais era voltado todo o nosso esforço.

Foi nesse clima de intensa atividade e de beleza nunca antes vista por mim que tive a glória e a alegria de deparar com Dalva de Oliveira — deslumbrante! —, ao lado de Elis Regina e Clara Nunes. Porém, não houve tempo para conversar.

Todos tínhamos afazeres visando à realização do *Show da vida*, como era denominado o evento. O Velho Guerreiro também havia convidado Flávio Cavalcanti e muitos outros espíritos para participar do espetáculo que aconteceria naquele local.

Mais adiante, as equipes socorristas e os chamados samaritanos se colocavam a postos para atender a quantos apresentassem sensibilidade e recursos para serem auxiliados.

O velho Portinari, ao lado de Anita Malfati, com sua arte maravilhosa, eram os responsáveis por despertar almas endurecidas que estivessem encasteladas no intelectualismo.

Clara Nunes, cantando as cantigas dos orixás, os axés e ijexás, sensibilizaria aqueles espíritos necessitados cujo passado se ligava ou sintonizava com o candomblé e os cultos de origem afro.

Drummond sorria, rabiscando com sua "Mont Blanc desencarnada", como brincava ele, alguma matéria para o seu *Correio dos Imortais*.

Elis, gloriosa e radiante, ficaria a cargo de despertar sentimentos nos espíritos ligados à política, utilizando, naturalmente, a beleza de sua voz, de sua música e de sua interpretação. "Meu Deus!" — pensei — "como ela terá trabalho pela frente".

A mim foi reservado um momento para cantar o *rock* e o *blues* abrasileirados da velha Terra. Quando eu entrasse no palco, os espíritos Toulouse-Lautrec e Modigliani produziriam telas no campo astral, de modo que suas criações mentais ilustrassem o conteúdo de minhas emoções, expressas através da minha música e da poesia nada exagerada de meus novos versos. Talvez eu conseguisse tocar os corações daqueles espíritos que desencarnaram vítima do uso de drogas ou com comprometimentos na área da sexualidade. Eu estava eufórico com as possibilidades.

Após as apresentações artísticas, o *show* seria abrilhantado por um momento, no qual Frei Luiz falaria à multidão de espíritos. Tudo era magia e encanto, música, arte e poesia.

Eu me sentia vivo entre os vivos. Estávamos envolvidos com os últimos preparativos do espetáculo de arte e de vida, que elaborávamos para arrebentar os grilhões e tocar os corações, no ambiente espiritual da Cidade Maravilhosa, enquanto bem ali, do outro lado do véu, os encarnados também fervilhavam em busca de emoções.

Nas regiões profundas do astral, o *Show da vida* seria visto por milhares de espíritos que necessitavam se sensibilizar para serem socorridos.

Quando o Velho Guerreiro assumiu seu lugar no palco da vida nova e abriu as apresentações com seu grito conhecido: "Terezinha!", era o início, pelo menos para mim, de uma nova etapa, na qual inaugurava a minha participação como filho da vida. Sem aids, sem dor e sem sofrimentos, eu renascia e começava a prestar minha contribuição como filho de Deus para o divino concerto, a grande caminhada humana.

Enquanto isso, na Terra, no velho Rio de Janeiro — cidade das meninas e dos meninos, das baías e dos pães-de-açúcar, dos garotos do Leblon e das garotas de Ipanema, do *glamour* de Copacabana e do soberano Cristo Redentor —, iniciava, naquele exato momento, o *Rock in Rio*. Era a segunda edição do festival em que um dia eu havia me apresentado.

Multidões de espíritos foram conduzidos das regiões inferiores do astral para ouvir a música espiritual, a arte da vida e — quem sabe? — compreender, através das experiências daqueles que davam seu testemunho de poesia e beleza no palco da vida, que há sempre esperança, que Deus não se cansa de investir em seus filhos, onde estiverem, como estiverem e com quem estiverem.

É isso aí! O *show* deve continuar...

Transcenda-se. Para o catálogo completo, acesse www.casadosespiritos.com

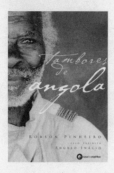

Tambores de Angola | *Coleção Segredos de Aruanda, vol. 1*
A origem histórica da umbanda e do espiritismo
Robson Pinheiro *pelo espírito Ângelo Inácio*

Uma visita a bases das trevas e a uma agência de vinganças do umbral. Conhecerá o magnetismo como poderosa ferramenta para desequilibrar consciências e observará o trabalho redentor dos espíritos – índios, negros, soldados, médicos – e de médiuns que enfrentam o mal com determinação e coragem. A primeira obra espírita a mostrar a origem histórica e as diferenças entre umbanda e espiritismo, respeitosamente.

ISBN: 978-85-87781-21-5 • ROMANCE MEDIÚNICO • 1998 • 256 PÁGS. • BROCHURA • 14 X 21CM

Aruanda | *Coleção Segredos de Aruanda, vol. 2*
Um romance espírita sobre pais-velhos, elementais e caboclos
Robson Pinheiro *pelo espírito Ângelo Inácio*

Por que as figuras do negro e do indígena – pretos-velhos e caboclos –, tão presentes na história brasileira, incitam controvérsia no meio espírita e espiritualista? Compreenda os acontecimentos que deram origem à umbanda, sob a ótica espírita. Conheça a jornada de espíritos superiores para mostrar, acima de tudo, que há uma só bandeira: a do amor e da fraternidade.

ISBN: 978-85-99818-11-4 • ROMANCE MEDIÚNICO • 2004 • 245 PÁGS. • BROCHURA • 16 X 23CM

Corpo fechado | *Coleção Segredos de Aruanda, vol. 3*
Robson Pinheiro *pelo espírito W. Voltz, orientado pelo espírito Ângelo Inácio*

Reza forte, espada-de-são-jorge, mandingas e patuás. Onde está a linha divisória entre verdade e fantasia? Campos de força determinam a segurança energética. Ou será a postura íntima? Diante de tantas indagações, crenças e superstições, o espírito Pai João devassa o universo interior dos filhos que o procuram, apresentando casos que mostram incoerências na busca por proteção espiritual.

ISBN: 978-85-87781-34-5 • ROMANCE MEDIÚNICO • 2009 • 303 PÁGS. • BROCHURA • 16 X 23CM

O PRÓXIMO MINUTO
Robson Pinheiro *pelo espírito Ângelo Inácio*

Um grito em favor da liberdade, um convite a rever valores, a assumir um ponto de vista diferente, sem preconceitos nem imposições, sobretudo em matéria de sexualidade. Este é um livro dirigido a todos os gêneros. Principalmente àqueles que estão preparados para ver espiritualidade em todo comportamento humano. É um livro escrito com coração, sensibilidade, respeito e cor. Com todas as cores do arco-íris.

ISBN: 978-85-99818-24-4 • ROMANCE MEDIÚNICO • 2012 • 473 PÁGS. • BROCHURA • 16 X 23CM

MAGOS NEGROS
MAGIA E FEITIÇARIA SOB A ÓTICA ESPÍRITA
Robson Pinheiro *pelo espírito Pai João de Aruanda*

O Evangelho conta que Jesus amaldiçoou uma figueira, que dias depois secou até a raiz. Por qual razão a personificação do amor teria feito isso? Você acredita em feitiçaria? – eis a pergunta comum. Mas será a pergunta certa? Pai João de Aruanda, pai-velho, ex-escravo e líder de terreiro, desvenda os mistérios da feitiçaria e da magia negra, do ponto de vista espírita.

ISBN: 978-85-99818-10-7 • AUTOCONHECIMENTO • 2011 • 394 PÁGS. • CAPA DURA • 16 X 23CM

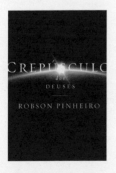

CREPÚSCULO DOS DEUSES
UM ROMANCE HISTÓRICO SOBRE A VINDA DOS HABITANTES DE CAPELA PARA A TERRA
Robson Pinheiro *pelo espírito Ângelo Inácio*

Extraterrestres em visita à Terra e a vida dos habitantes de Capela ontem e hoje. A origem dos dragões – espíritos milenares devotados ao mal –, que guarda ligação com acontecimentos que se perdem na eternidade. Um romance histórico que mistura CIA, FBI, ações terroristas e lhe coloca frente a frente com o iminente êxodo planetário: o juízo já começou.

ISBN: 978-85-99818-09-1 • ROMANCE MEDIÚNICO • 2002 • 403 PÁGS. • BROCHURA • 16 X 23CM

Negro
Robson Pinheiro *pelo espírito Pai João de Aruanda*

A mesma palavra para duas realidades diferentes. Negro. De um lado, a escuridão, a negação da luz e até o estigma racial. De outro, o gingado, o saber de um povo, a riqueza de uma cultura e a história de uma gente. Em Pai João, a sabedoria é negra, porque nascida do cativeiro; a alma é negra, porque humana – mistura de bem e mal. As palavras e as lições de um negro-velho, em branco e preto.

ISBN: 978-85-99818-14-5 • AUTOCONHECIMENTO • 2011 • 256 PÁGS. • CAPA DURA • 16 X 23CM

Pai João
Libertação do cativeiro da alma
Robson Pinheiro *pelo espírito Pai João de Aruanda*

Estamos preparados para abraçar o diferente? Qual a sua disposição real para escolher a companhia daquele que não comunga os mesmos ideais que você e com ele desenvolver uma relação proveitosa e pacífica? Se sente a necessidade de empreender tais mudanças, matricule-se na escola de Pai João. E venha aprender a verdadeira fraternidade. Dão o que pensar as palavras simples de um preto-velho.

ISBN: 978-85-87781-37-6 • AUTOCONHECIMENTO • 2005 • 256 PÁGS. BROCHURA COM CAIXA • 16 X 23CM

Sabedoria de preto-velho
Reflexões para a libertação da consciência
Robson Pinheiro *pelo espírito Pai João de Aruanda*

Ainda se escutam os tambores ecoando em sua alma; ainda se notam as marcas das correntes em seus punhos. Sinais de sabedoria de quem soube aproveitar as lições do cativeiro e elevar-se nas asas da fé e da esperança. Pensamentos, estórias, cantigas e conselhos na palavra simples de um pai-velho. Experimente sabedoria, experimente Pai João de Aruanda.

ISBN: 978-85-99818-05-3 • AUTOCONHECIMENTO • 2003 • 187 PÁGS. BROCHURA COM ACABAMENTO EM ACETATO • 16 X 23CM

QUIETUDE
ROBSON PINHEIRO *pelo espírito Alex Zarthú*

Faça as pazes com as próprias emoções.
Com essa proposta ao mesmo tempo tão singela e tão abrangente, Zarthú convida à quietude. Lutar com os fantasmas da alma não é tarefa simples, mas as armas a que nos orienta a recorrer são eficazes. Que tal fazer as pazes com a luta e aquietar-se?

ISBN: 978-85-99818-31-2 • AUTOCONHECIMENTO • 2014 • 192 PÁGS. • CAPA FLEXÍVEL • 17 x 24CM

SERENIDADE
ROBSON PINHEIRO *pelo espírito Alex Zarthú*

Já se disse que a elevação de um espírito se percebe no pouco que fala e no quanto diz. Se é assim, Zarthú é capaz de pôr em xeque nossa visão de mundo sem confrontá-la; consegue despertar a reflexão e a mudança em poucos e leves parágrafos, em uma ou duas páginas. Venha conquistar a serenidade.

ISBN: 978-85-99818-27-5 • AUTOCONHECIMENTO • 1999/2013 • 176 PÁGS. • BROCHURA • 17 x 24CM

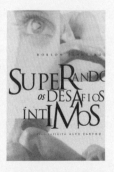

SUPERANDO OS DESAFIOS ÍNTIMOS
A NECESSIDADE DE TRANSFORMAÇÃO INTERIOR
ROBSON PINHEIRO *pelo espírito Alex Zarthú*

No corre-corre das cidades, a angústia e a ansiedade tornaram-se tão comuns que parecem normais, como se fossem parte da vida humana na era da informação; quem sabe um preço a pagar pelas comodidades que os antigos não tinham? A serenidade e o equilíbrio das emoções são artigos de luxo, que pertencem ao passado. Essa é a realidade que temos de engolir? É hora de superar desafios íntimos.

ISBN: 978-85-87781-24-6 • AUTOCONHECIMENTO • 2000 • 200 PÁGS.
BROCHURA COM SOBRECAPA EM PAPEL VEGETAL COLORIDO • 14 X 21CM

Cidade dos espíritos | *Trilogia Os Filhos da Luz, vol. 1*
Robson Pinheiro *pelo espírito Ângelo Inácio*

Onde habitam os Imortais, em que mundo vivem os guardiões da humanidade? É um sonho? Uma miragem? Não! É Aruanda, a cidade dos espíritos, onde orientadores evolutivos do mundo vivem, trabalham e, de lá, partem para amparar, socorrer, influenciando os destinos dos homens muito mais do que estes imaginam.

ISBN: 978-85-99818-25-1 • ROMANCE MEDIÚNICO • 2013 • 460 PÁGS. • BROCHURA • 16 X 23CM

Os guardiões | *Trilogia Os Filhos da Luz, vol. 2*
Robson Pinheiro *pelo espírito Ângelo Inácio*

Se a justiça é a força que impede a propagação do mal, há de ter seus agentes. Quem são os guardiões? A quem é confiada a responsabilidade de representar a ordem e a disciplina, de batalhar pela paz? Cidades espirituais tornam-se escolas que preparam cidadãos espirituais. Os umbrais se esvaziam; decretou-se o fim da escuridão. E você, como porá em prática sua convicção em dias melhores?

ISBN: 978-85-99818-28-2 • ROMANCE MEDIÚNICO • 2013 • 474 PÁGS. • BROCHURA • 16 X 23CM

Os imortais | *Trilogia Os Filhos da Luz, vol. 3*
Robson Pinheiro *pelo espírito Ângelo Inácio*

Os Imortais ou espíritos superiores já tiveram seus dias sobre a Terra, e a maioria deles ainda os terá. Se essa constatação é ponto pacífico ao menos entre espiritualistas, por que tanta dificuldade em admitir seu lado humano?

ISBN: 978-85-99818-29-9 • ROMANCE MEDIÚNICO • 2013 • 443 PÁGS. • BROCHURA • 16 X 23CM

Encontro com a vida
Robson Pinheiro *pelo espírito Ângelo Inácio*

"Todo erro, toda fuga é também uma procura." Apaixone-se por Joana, a personagem que percorre um caminho tortuoso na busca por si mesma. E quem disse que não há uma nova chance à espreita, à espera do primeiro passo? Uma narrativa de esperança e fé — fé no ser humano, fé na vida. Do fundo do poço, em meio à venda do próprio corpo e à dependência química, ressurge Joana. Fé, romance, ajuda do Além e muita perseverança são os ingredientes dessa jornada. Emocione-se... Encontre-se com Joana, com a vida.

ISBN: 978-85-99818-30-5 • ROMANCE MEDIÚNICO • 2001/2014 • 304 PÁGS.
BROCHURA • 16 X 23CM

Canção da esperança
A TRANSFORMAÇÃO DE UM JOVEM QUE VIVEU COM AIDS
Robson Pinheiro *pelo espírito Franklim*
CONTÉM ENTREVISTA E CANÇÕES COM O ESPÍRITO CAZUZA.

Conheça a transformação de um jovem que fez da dor, aprendizado; do obstáculo, superação. Uma trajetória cheia de coragem, que é uma lição comovente e um jato de ânimo em todos nós. Prefácio pelas mãos de Chico Xavier.

ISBN: 978-85-99818-33-6 • ROMANCE MEDIÚNICO • 1995/2002/2014 • 320 PÁGS.
BROCHURA • 16 x 23CM

Faz parte do meu show
A TRAJETÓRIA DE UM ARTISTA EM BUSCA DE SI MESMO
Robson Pinheiro *orientado pelo espírito Ângelo Inácio*

Um livro que fala de coragem, de arte, de música da alma, da alma do rock e do rock das almas. Deixe-se encantar por quem encantou multidões. Rebeldia somada a sexo, drogas e muito *rock'n'roll* identificam as pegadas de um artista que curtiu a vida do seu jeito: como podia e como sabia. Orientado pelo autor de *A marca da besta*.

ISBN: 978-85-99818-07-7 • ROMANCE MEDIÚNICO • 2004/2010 • 181 PÁGS.
BROCHURA • 14 X 21CM

O FIM DA ESCURIDÃO | *Série Crônicas da Terra, vol.1*
REURBANIZAÇÕES EXTRAFÍSICAS
ROBSON PINHEIRO *pelo espírito Ângelo Inácio*

Os espíritos milenares que se opõem à política divina do Cordeiro — do *amai-vos uns aos outros* — enfrentam neste exato momento o fim de seu tempo na Terra. É o sinal de que o juízo se aproxima, com o desterro daquelas almas que não querem trabalhar por um mundo baseado na ética, no respeito e na fraternidade.

ISBN: 978-85-99818-21-3 • ROMANCE MEDIÚNICO • 2012 • 400 PÁGS. • BROCHURA • 16 X 23CM

OS NEPHILINS | *Série Crônicas da Terra, vol.2*
A ORIGEM DOS DRAGÕES
ROBSON PINHEIRO *pelo espírito Ângelo Inácio*

Receberam os humanoides a contribuição de astronautas exilados em nossa mocidade planetária, como alegam alguns pesquisadores? Podem não ser Enki e Enlil apenas deuses sumérios, mas personagens históricos? Desse universo em que fatalmente se entrelaçam ficção e realidade, mito e fantasia, ciência e filosofia, emerge uma história que mergulha nos grandes mistérios.

ISBN: 978-85-99818-34-3 • ROMANCE MEDIÚNICO • 2014 • 480 PÁGS. • BROCHURA • 16 X 23CM

TRILOGIA O REINO DAS SOMBRAS | *Edição definitiva*
ROBSON PINHEIRO *pelo espírito Ângelo Inácio*

As sombras exercem certo fascínio, retratado no universo da ficção pela beleza e juventude eterna dos vampiros, por exemplo. Mas e na vida real? Conheça a saga dos guardiões, agentes da justiça que representam a administração planetária. Edição de luxo acondicionada em lata especial. Acompanha entrevista com Robson Pinheiro, em CD inédito, sobre a trilogia que já vendeu 200 mil exemplares.

ISBN: 978-85-99818-15-2 • ROMANCE MEDIÚNICO • 2011 • LATA COM *LEGIÃO, SENHORES DA ESCURIDÃO, A MARCA DA BESTA* **E CD CONTENDO ENTREVISTA COM O AUTOR**

Quem enfrentará o mal
a fim de que a justiça prevaleça?
Os guardiões superiores
estão recrutando agentes.

COLEGIADO DE GUARDIÕES DA HUMANIDADE
por Robson Pinheiro

FUNDADO PELO MÉDIUM, terapeuta e escritor espírita Robson Pinheiro no ano de 2011, o Colegiado de Guardiões da Humanidade é uma iniciativa do espírito Jamar, guardião planetário.

Com grupos atuantes em mais de 10 países, o Colegiado é uma instituição sem fins lucrativos, de caráter humanitário e sem vínculo político ou religioso, cujo objetivo é formar agentes capazes de colaborar com os espíritos que zelam pela justiça em nível planetário, tendo em vista a reurbanização extrafísica por que passa a Terra.

Conheça o Colegiado de Guardiões da Humanidade. Se quer servir mais e melhor à justiça, venha estudar e se preparar conosco.

PAZ, JUSTIÇA E FRATERNIDADE
www.guardioesdahumanidade.org